天淡如

说话的艺术

吴淡如◎著

图书在版编目（CIP）数据

吴淡如：说话的艺术 / 吴淡如著. -- 南昌：江西教育出版社，2019.5
ISBN 978-7-5705-1040-5

Ⅰ. ①吴… Ⅱ. ①吴… Ⅲ. ①语言艺术－通俗读物
Ⅳ. ① H019-49

中国版本图书馆 CIP 数据核字（2019）第 072504 号

吴淡如 ：说话的艺术
WU DANRU : SHUOHUA DE YISHU

吴淡如　著

江西教育出版社出版

（南昌市抚河北路 291 号　邮编：330008）

各地新华书店经销

三河市金元印装有限公司印刷

880mm×1230mm　32 开本　7 印张　字数 100 千字

2019 年 5 月第 1 版　　2019 年 5 月第 1 次印刷

ISBN 978-7-5705-1040-5

定价：42.00 元

赣教版图书如有印制质量问题，请向我社调换　电话：0791-86710427

投稿邮箱：JXJYCBS@163.com　　　　电话：0791-86705643

网址：http://www.jxeph.com

赣版权登字 -02-2019-184

嘿，话不是说对就行了

　　"你觉得我最近是不是胖了？"妻子一边照着镜子一边问道。

　　"噢，是胖了一点。你最近吃太多了。不过，没关系啦。"丈夫为了表示关心，很认真地打量她一会儿后说。

　　他说的是实话，百分之百客观，但他并没有注意到妻子的脸已经拉了下来。

你说的实话，可能是对方最不想听的话

他等着妻子准备好出门。时间已经很急迫了，妻子又换了一件流行的高腰洋装走到他面前，对他说："我穿这件衣服，看起来肚子会不会很大？"

他看了一眼，马上下判断："嗯，人家一定会对我们说，'恭喜，快要生了吧？'"

他自以为很幽默，所以故意把话说得夸张了点。是的，确实像孕妇。不过，他并没有注意到妻子的眼睛瞪得比刚刚更大，好像要冒出火来似的。

妻子又多花了五分钟，换了另一件衣服出来。

"这样呢？"

"好啦，别再换了，很好看了啦。衣服不是重点，又不是要去选美，我们快迟到了。"他说的还是实话。

"你怎么这样不耐烦？"

　　"我哪里不耐烦？我说错了吗？晚宴七点开始，现在都六点五十了，到那里至少需要半小时！"

　　"我不去了！"

　　他自认没有说错话，不过，当晚两人扎扎实实地吵了一架。抵达晚宴会场时，都八点了。一个晚上，妻子都没有给他好脸色看。

　　他，错在哪里？

　　很多人都以为，自己的话没说错啊，可是结果却错了，到底发生了什么事？话说得好不好，和对不对、错不错未必有关系。说了对的话，结果未必是对的。只因你说的实话，可能是对方最不想听的话。

道理没错，但说的时间错了

　　有时，你的话道理上没错，但说话的时间点选错了，也会造成反效果。有一则故事是这样的：

美国第二十八任总统威尔逊在当州长时，某天，接到了一通电话，有人通知他，他的一位好友，也是该州州议员发生意外去世了。

威尔逊一时十分悲痛，正在发呆的时候，另外一通电话又来了，是该州一位政客打来的。他说，他也听到了消息，接着，他结结巴巴地说明来电的目的：要求威尔逊让他接替那个议员的位子。

"好啊，"威尔逊慢条斯理地回答，"我完全没有意见，如果殡仪馆同意的话。"

争取出线并没有错，错的是时机，还搞不清楚人家的关系。如此躁进，就是错了。

这故事或许说得太远，都说到一百年前去了。要举现代的例子也很简单，每天都在各个家庭里上演：不少老公都会抱怨，自己那么疲累地回到家，还要"倾听"妻子的唠叨和没有什么重点的流水账报告。

许多妻子说自己心情不好时，丈夫都不愿意倾听，那么丈夫的心情，她又了解了吗？如果了解丈夫的心情，就不会选择疲劳轰炸。

看身份、看目的说话

有时，不该说某些话，是因为所处的位置不对。

不久前，我参加一个工商界朋友的聚会，受邀的主讲人谈的是某软件的未来发展策略。虽然主题生硬，但主讲人准备得很好，演讲很精彩，从头到尾没有冷场。让人比较讶异的是，最后提问时间杀出来的一个家伙，他并没有提问题，而是用非常清晰的口齿和流利的话语，帮主讲人下了一个总共五点的结论，很流畅地讲了五分钟，讲到大家面面相觑。

大家疑惑的，不是他说话的内容，而是他为什么帮主讲人下结论呢？显然，他说了不合身份的话。他又不是主持人，为什么帮主讲人下结论，他该做的事是提问呀。

所以，说话要看身份适不适合。不是多说话，人家就会觉得你很棒。

此外，说话也要看目的，尤其是开会时。

"有的员工搞不清楚开会的目的，不知道是脑力激荡、找出问题所在，还是聊天。就好像写作文搞错题目，把议论文写成抒情文、把抒情文写成议论文一样。"一位担任企业顾问的朋友说。

不过，搞不清楚开会目的的未必是员工。我也听过不少员工抱怨，公司开会，老板常一个人讲了一大堆家里的琐事、和老婆的相处及孩子成长中的点点滴滴等与会议无关的杂事，这样固然很有亲和力，但有的故事都说七八遍了，而员工的意见，老板根本没听进去，把公司会议变成了他的家庭聚会一样。

频率要对，话要精简

有的时候，问题出在说话的频率不对。

有位企业家说，他很不喜欢某一种员工：在他讲话时为了表示积极肯定，一直说"对，对，对"，问题在于"对"得还不对节拍，反而给人一种企图打断谈话的感觉——"对"得不是时候，也是错了。

有的时候，不是话说错了，而错在说得太多、太繁。

我曾经很认真地观察一位被公认为"很啰唆"的妈妈。为什么她明明心肠很好，但大家一看到她走来就害怕，连她的小孩找不到东西都不肯问她。因为，你问一句，她会答三到五十句！

五十句并不夸张。某次我和她一起在车上，司机经她指路却找不到餐厅的正确地点，她就连珠炮似的开始念："上次我来过了，记得就在这里啊，咦？说不定是下一条巷子才对？奇怪，我会记错吗？我上次和我老公才来过这里喝喜酒啊，难道它倒闭了？这里是双向道应该没错啊，我记得是看到 7–11 右转就对了，怎么这边这么暗呢？我怎么可能记错，哎呀，是我年纪大了吗？我想它会不会倒了？现在的店倒得很快，动不动就倒了……再试试看，再往前开开看……咦？我还来过好几次呢，那个招牌很大，应该看得见，还是它今天没开……这一条是双向道才对啊，怎么现在变成单行道呢？路改来改去的叫人家怎么认啊……"（结果是她记错啦！）

她的话一句又一句地紧密地黏在一起，暂停时间不到十分之一秒。她自顾自地一直碎碎念地说着，却不知道司机已经快发疯了。

以上摘录的只是她当日碎碎念的"冰山一角"，我拙劣的文笔和容量不够的脑袋，实在无法将她重复念叨的"精髓"一一记录下来。但恐怕你看到这里，也已经抓狂了吧？

注意态度，留意职务

当一个人的态度不对、姿势不合适时，同样说什么都没用。试想，如果你很想跟一个人沟通，但他却不断用手按太阳穴，或发出"啧啧"的怪声，或是眼神飘向窗外，请问你有什么感觉？

此外，需不需要很会说话，也要看职务。

我问一位业界公认很会用人的老板，问他找员工有何秘诀，他答："这要看找什么职位的员工。"

如果找司机，绝对不能太会说话。如果求职时一来就说他曾为谁开过车，或他认识谁谁谁，这种人一定会坏事，不能用。

保安人员也不能太爱公关、太口若悬河、爱交朋友，否则必然误事。

业务员则要话多一些，但不只是话多就好，还必须能做到专心地听、不抢话，在客户说完话时能把话接下去讲，且不离题。

会说话的人很多。不过，能言善道，未必让人听得进去。有的人说话很清晰，字正腔圆，但一讲就停不了，结果别人一句话也没记住，这是因为他没有自己的见解和观点，所干的也不过是新闻读稿机的工作，有多少字念多少字，说的都是常人已知的、全无新思想火花的老道理。

说话是全世界最难懂的艺术

说话，如果算是一门艺术，那一定是全世界最难懂的一门艺术，也是最难教的一堂课。

市面上教人说话的书林林总总有很多，古人幽默机智的语言艺术，搜集起来更是不可胜数。

话说得好，可以息事宁人，可以兴家创业；话说得不好，则可能引发一场战争。会说话与否代表一个人沟通能力的强弱，而良好的沟通能力则是良好人际关系的基石。在现代社会，没有沟通能力，就等于没有行动能力。

如果说得有技巧，忠言也不一定非得逆耳。

言多未必一定失，看你做什么工作。但长话短说在多数时候都是一种美德。能说善道，也可能说了一大堆废话，像公文一样，让人一个字都不想看。

同理，沉默未必是金，但默默无声带来的可能是一生被埋没。

说话的艺术很复杂，没有统一规则，也不能东施效颦。一个说话高手，不仅要说符合身份的话，还要找对说话的时间点，使用正确的态度，更要言之有物，让人觉得听你说话有点意思，而不是在浪费时间！

CONTENTS

目 录

PART 1　舒心生活说出来

PART 2　职场魅力说出来

PART 3　家庭和美说出来

PART 4　生意业绩说出来

PART 5　台面人气说出来

PART.一

舒心生活

说出来

说得多，不如说得巧

· · · · ·

人性浅说：物以稀为贵，多了就不稀罕，太多了还会嫌烦。

所以，话能一句说完，就别说第二次。

贵妇樱儿邀请我到她家喝下午茶。

她事先声明："我请女管家阿美去载你，她是个很热情的人，不过，请你包涵一下，她实在有点啰唆。"

"你明知她啰唆，为什么要请她？"

"她从我小时候就在我家帮忙了。她办事是牢靠的，十项全能，也很尽责，所以其他缺点我就必须要忍耐一下啰。"

我搭上了阿美的车，的确有宾至如归的感觉。阿美十分

"健谈"，讲话速度很快，可以从电视节目一路聊到政治。

我刚开完一个有点麻烦的会，头已经有点痛，所以她连珠炮般的说话方式，使我的脑袋更加发胀。于是我说："可以打开收音机吗？我想要听一下广播。"

我知道有些人很难忍受两个人近距离相处却都不说话，本以为收音机里传出的说话声和音乐，或许可以填满她对冷场的不安。

但我错了，广播节目里如果讲到煮红豆汤，她也会说出她的意见，想要教我怎么煮才会好喝；广播节目女主持人的身世背景，她也如数家珍。

"你懂的事真的很多啊！"我说。

她听了十分高兴，更加兴致高昂地说下去，声音分贝越来越高。

樱儿家在阳明山，从我家到那儿至少有个把钟头的车程，到达目的地时，我的耳朵已经快要爆炸。

樱儿问她："你有看到我的小化妆包吗？昨天我带出去的黑色的那个。"

阿美马上回答："没，你没交给我哦……没有，我没有看到……你昨天有带出去吗……你没交给我，我真的不知道。"

以上这些意思类似的话，她是一口气叽里呱啦讲完的，给人一种急于"划清界线"、急于撇清自己的感觉。我听见樱儿深吸了一口气说："我只是问一下，没看到没关系啊！"

这个人虽然是好人，但跟她相处，确实要有一些"耳功"。

淡如的叮咛

啰唆又不自觉的人，往往都有以下相同问题：

1.很希望分享，却不关注对方当时是否想听自己说话。

2.很怕与人相处时出现没人说话的冷场。

3.同一件事，重复用了三四句同样意思的话，强调自己的看法。

4.说话速度太快。太快，别人就无法插嘴、无法对谈。

健谈未必是好事

• • • • •

人性浅说：没有人喜欢自己身边有个包打听、大嘴巴，以免哪天成了八卦最佳主角。

所以，在卖弄自己的"情报力"之前，先确定你的工作是三姑六婆。

陈董在家宴客，招待生意上的朋友，宴会结束后，他请新来的司机小龚送一个有醉意的客人回去。

这位客人，是陈董的旧日同窗，也是生意上常有往来的伙伴。

过了两天，这位客人拜访陈董公司时，对他说："谢谢你那天请司机送我回家。那个司机小龚是个很健谈的人吧？"

　　陈董皱了皱眉头，心知不妙。

　　他找了机会跟小龚聊聊，发现小龚果然很"健谈"。

　　比如，他晚上应酬后搭车回家，小龚总会把自己跟其他司机闲聊的经过向老板报告：

　　"那个赵董的司机常常帮他载小老婆……"

　　"蒋总最近在炒一只股票……"

　　他还以为，老板很高兴能知道这些情报呢！

　　所以只要老板问他一句，他就回个一百句来"献宝"，完全没有顾虑到，老板是否累了要休息，或者根本不想知道这些八卦。

　　小龚在试用了一个月后，就被秘书告知不用再来了。

　　"再用他还得了？一个包打听的人，都会用情报来交换情报。用这样的司机，恐怕后患无穷。"陈董这么说。

　　原来，小龚以前开过出租车，因为很喜欢跟乘客聊天、发表意见，乘客也常说他很健谈。

他一直以为那是赞美，因而越来越爱说话。

甚至，当他说的话引起别人的兴趣时，他还会设法加点油、添点醋，来点燃听者的欲望。

殊不知，这种个性，恐怕只有当三姑六婆会成功。

在工作上，此类"健谈"的人，常常暗地里被记三大过都不晓得。

如果以为能靠"健谈"博得长官欢心，可就错了。

一般人所说的"健谈"，其实有正面的意思，也有反面的意思。

用在单纯私人关系上的健谈，如"他老人家还很健谈"，表示一个人有亲和力、没距离、开朗。

但用在工作上，则"健谈"两字通常有弦外之音：

一、爱讲话，但不等于会讲话。有的人自己说个没完没了，根本不在乎别人是否真的想听。也完全想不到，别人夸他"健谈"，可能带有讽刺之意。

二、八卦长舌，不该讲的话他也讲。

三、一直在说，但内容未必有趣。有人说话连篇累牍，不用打草稿，也从不会打磕巴，但他讲的，多半是人家已经知道的旧闻或常识，根本没什么"闪光点"。

四、什么都可以谈，只有广度却没深度。

五、说得很多，自己很兴奋，但找不到重点。

除非你的工作本来就是在泡茶聊天，否则在工作上被人说健谈，且别急着当赞美看待。

健谈一定要分职位来看。

某些工作，不该说、不该问的事情，请千万先衡量一下自己的职位再开口。

有些老板常说："我把员工都当成亲人，都当成朋友。"

但你可不要搞错。他可以把你当朋友，你却不能真的把自己当成他的家人，没有界限，一旦好奇，就要发问、关心和干涉，更别把他的私生活当成自己密友的私生活来关心。

淡如的叮咛

　　健谈未必等于会说话。相反的，很可能是指一个人说话"多而无当"。

　　想开口长篇大论时，应该想想：

　　别人现在有没有空听你说话？

　　你一个人的嘴巴，是否独占了所有人的耳朵？他们不是不想开口，而是所有可以讲话的时间都被你用光了。

　　他们的眼神是否专注，还是只是被迫无奈地听你说话（这种事常发生在狭小空间里：如出租车乘客不得不听司机说话；或聚餐时，员工不得不听老板反复诉说当年勇）。

"也"字乱用，小心马屁拍在马腿上

•••••

人性浅说：没有人喜欢被比较，尤其是往下比。

所以，有些话你以为是赞美，却隐藏着可能让人不高兴的预设前提。越比越生气，千万小心。

得罪人，有时不需要说重话，只是在一两个字的使用上粗心一点就够了。

比如大君，就常用"也"字得罪人。

某次，在一位朋友母亲六十大寿的寿宴上，他跟寿星聊了会儿天。

"您六十岁了，真看不出来。"

寿星听了很高兴。的确，人人都说她身材好，看起来像儿子的姊姊。

女人对于年纪都很敏感，但也很容易讨好，只要讶异于她的年轻，她一整天的心情都会很好。

"您有做运动吗？"

"有啊。我还每天上健身房呢。"

"噢，跟我爸爸一样呢。他也很老了，但是退而不休，每天还去公园跳交际舞……"

"什么叫'也'很老了啊？"寿星是个直率的人，马上告诫大君，"才刚想说你会讲话，没想到现在就犯了我们老人家的大忌。"

他的朋友听了，只能在一旁赔笑。

大君是一个在不知不觉间很爱用"也"字来类比的人。比如小玉不久前失恋，十分沮丧，朋友们忙着陪她，不让她钻牛角尖，但大君一说话，就像把捅人的刀子一样："人家 ××× 最近'也'失恋，比你想得开！"

他也曾安慰一个正调侃自己"嫁不出去"的女同事："人家×××'也'很胖，还不是嫁出去了！"

这些类比，都让人哭笑不得，只要他一出现，大家就要担心他无心说错话。但他自己浑然不觉，还认为自己舌灿莲花呢。

没有人喜欢跟人家比老、比胖、比惨。

就算说人家"比较帅"，对方也未必高兴。因为如果你赞美一个人"比金城武帅"，他一定心花怒放；但若说他比某个长得不帅的家伙帅，他必然觉得你在讽刺他。

话说回来，有些常用的赞美语也会让人很不高兴。

比如：一开口就赞美一个中年女子"保养得很好"——在她听来，你的意思可能是：你其实很老了，但因为保养得不差，能够维持这样的身材已经不错了。这跟赞美一个长辈"老当益壮"一样，他心中并不认老，你何苦一开口就说他老？马屁必然拍在马腿上了。

淡如的叮咛

"也"字常透露你真正的想法，少用为妙。

别拿负面的事情比较。比老、比胖、比惨，都会让别人不悦，不是很好的安慰法。

比较多半都不会得到正面效果。就算你说 A 比 B 好，A 也可能觉得他跟 B 根本不能够放在同一个水平上比较，你本来想夸他，却适得其反。

本想安慰人，却越说越伤人

•••••
人性浅说：伤口需要时间慢慢愈合。

所以，安慰别人的伤痛之前，先确定自己的话是良药，还是苦盐。

淑娴因为谈成一笔大生意正高兴时，忽然接到家里打来的电话：住在南部家乡的高龄老父，因为心力衰竭过世了。

回家奔丧回来的淑娴，除了悲伤之外，提起丧礼时，还有一些气恼：

"我那些亲戚啊！还不如不要来安慰人算了，说那些话好伤人！"

"怎么了？"

"他们知道我哥哥、弟弟都是医生，来吊丧时竟然感叹：唉，真遗憾，你们也医不好爸爸的病。还有人说：你们家都是医生，怎么没早发现爸爸有问题？都是因为太忙了吧？这些话听起来，像讽刺，更像幸灾乐祸！"

哇，原来还有人这样说话的。这些乡亲必然是太"纯朴"了，不懂说话的艺术。这些话不仅无益于给丧家慰藉，反而有雪上加霜的效果。人家已经在办丧事了，他们还来刺两刀。

生离死别对当事者来说都是重大情绪挫折，但懂得安慰人的实在不多。

有亲人自杀、意外离世或自己离婚的人，特别容易受到言语伤害。很多人都会问"为什么？怎么会这样"以表示关心，却没有想到，当事人情绪尚未平稳，而且之前可能早已被问了一百遍，每陈述一次，就多受一次伤。

安慰人的时候，并不是追根究底、满足好奇心或求知欲的时候。

此外，很多人在面临急难时都有这样的经验：来人不知是来安慰，还是来找麻烦。

我有一位独居的友人，家中发生火灾，知心好友闻讯在第一时间赶来探望她，一进门发现满目疮痍，竟然情绪失控，比当事人还慌乱。

当事者除了清理现场之外，还得安抚这位快抓狂的好友，实在哭笑不得。

这种状况，就好像太太进产房，先生坚持要进去陪伴，却昏倒在产房里一样。不但没帮上忙，还增加别人的负担。

当然，也有些人因为怕说错话，只好假装对别人的灾难不闻不问。但事过境迁后，朋友会认为你在他面临危难时就不见了，算什么朋友呢？

最好的方法，在我看来只有两种：一是，无言的、感同身受的陪伴；二是，勤发简讯，问他是否需要帮忙，或者言明自己可以如何效劳。

最重要的是，千万别在安慰人时，还捅对方一刀。这么做，保准你人气跌停板。

淡如的叮咛

人生不如意事总是很多，有人失恋，有人生病，有人遭逢意外变故，有人发生事业危机。

我们都是好人，想要减轻对方的痛苦。若真想减轻对方的痛苦，请谨守以下原则：

1.倾听，让他有宣泄机会，别打断他说话。

2.顺应他的感受来回答，表现同理心。

3.不要探究为什么。

4.就算对方有错，也不要再让他自责。

5.不要指导对方应该怎么做，除非他问起。

6.不要提及你也有如此经验，除非你经历的状况比他惨得多。

关心的话，永远受用

•••••

人性浅说：有人关心，就能产生勇气。

所以，学习成为"安静的港湾"，给疲惫的回航船只一点安慰吧！

人在江湖行走，难免遇到委屈和小挫折，不少人回家时常带着苦瓜脸，也把身边人当成了情绪垃圾桶。

不过，没有人喜欢当别人情绪的垃圾桶。

如果你带回家的情绪垃圾重复度很高，当垃圾桶的人很可能会失去耐心，就会从倾听者，变成一个"想要拯救你的人"，或是一个"为了想点醒你，却跟你吵起架来的人"。

　　这个倾向，男人比女人严重一点，尤其是那些"大有作为"的男人，脑袋总是在想"我应该怎么解决这个问题，让大家好过一点"。

　　他最后很可能帮一直抱怨的女人做出如下决议："如果你上班上得那么痛苦，薪水又不是很高，那么不如回家好啦！免得你成天抱怨不休，影响家庭的气氛。"

　　这个答案，未必是"成天抱怨不休"的女人想要的，她想要的只是一点关爱而已啊！

　　女人并不想要人积极帮她摆平问题，代她出气，陪她一起骂同事和老板，而是让她感受到爱意，使她觉得"我是有人关心的"。

　　以下说法很高明："虽然江湖险恶，但是你要知道，我一直在你身边。真的受不了的话，我会养你的。"

　　女人就算听听也高兴。

　　对男人说"你知道，我很相信你"或"你一定有办法解决这个问题"也是很受用的安慰。

　　当情绪垃圾桶不好受，但你要明白，如果不跟你讲，他能够跟谁倾诉呢？与其把自己定位为垃圾桶，不如把自己定位成一座"安静的港湾"，等待疲倦的船儿归航。

那些到深不可测的大海捕鱼的船儿，还总是会不小心网到一些漂浮垃圾回来呢！

他需要安慰时，别教训他，让他感觉又多了一个敌人。

不过，带着苦瓜脸回家的人，也该有些自制力：这世界上最有耐心的人，也受不了每天面对同样的问题，他一定觉得"听你抱怨，比上班还累"。垃圾积久了，消化不良，他必然会找别的地方去倒！

淡如的叮咛

该怎么成为安静的港湾，安慰失恋的人？

切忌用陈腔滥调。朋友失恋了，千万别跟他说："天涯何处无芳草，振作起来吧！"其实他心里也知道，你就不必多言了。

也不必跟着一个鼻孔出气，大骂："那人真是没眼光，竟然连你这么好的人都……他不要你，有一天会后悔的！"听起来好像很有同理心，但可能不小心又掀起人家心中快要结痂的伤口。

更不要研究"他为什么不要你""他有别的女朋友而你怎么可能不知道？你没发现他怪怪的吗？"或"唉，我早就告诉你，你对他太凶了。如果对他温柔一些，他就不会这样了。"失恋当然是痛的。失恋的人要面对的不是"我没人爱"，而是自信心重建的问题。

就算人家失恋已超过一年，也别不识相地提起："咦？那他（旧情人、前妻或前夫）现在在做什么？"

如果你是好朋友，就倾听吧！陪着他唱歌、喝酒、逛街、吃美食，都比拿陈腔滥调安慰他好得多。

如果一定要说些什么的话，可以说："你知道，我很关心你。"不管他说什么，这样的话温和、中性，永远受用。

痛苦，不需要别人的羡慕和赞叹

• • • • •

人性浅说：每个人心中自有一把尺，你的"比较好"，或许是他的"真不好"。

所以，刻意对别人的伤痛表示羡慕，小心效果适得其反。

"你可不可以帮我判断一下，到底是我小心眼，还是她不识相？"秀宇心事重重地来找我，叹了口气说，"我真的不想跟阿昭做朋友了。"

"怎么了？"

她们两人，从中学开始就是好朋友，友谊也维持二十多年了。

去年，秀宇婚变，开始一个人过日子，阿昭非常热心，帮她找房子、买家具，还在她心情灰暗时，花好多时间陪她，两个人怎么会翻脸？

"我知道，说者可能是无心，也是好意，但是听起来实在让人不高兴。"

秀宇说："阿昭每次在抱怨她的孩子很难带时，都会顺带这么说：啊，还是你比较好，孩子都不用自己带。"

在秀宇的离婚协议中，孩子住在家境富裕的前夫那儿，只偶尔到秀宇家"度假"。本来秀宇也觉得这样对孩子比较好，可是同样的话听久了，她觉得阿昭根本是在讽刺她不负责任。

有一次她点醒阿昭："不要这么说，孩子不在我身边，有时想想我也会难过。"

阿昭却还浑然不觉，一样说着类似的话。除此之外，她还会说："还是你比较好，都不用回家做晚饭。""还是你比较好，一个人住安静，没人打扰。""还是你比较好，不用看老公和婆婆的脸色。"

　　这些"还是你比较好"的话，听起来好像是羡慕和赞叹，但听在伤心人耳里，反而是"在伤口上撒盐"的效果更多一些。

　　也曾有一位没有小孩的女性友人告诉我，她最受不了一个同事，每次看到新闻上谈到孩子教育问题，或青少年叛逆问题时，都会很自然地说："还是你比较聪明，不生孩子就不会有这些烦恼。"那个同事并不知道，她其实很想要小孩。久而久之，她就很不愿意跟那位同事说话。

　　说人家比较聪明或比较好，本来有意安慰别人，但被安慰的人却觉得你在嘲笑他，真是"适得其反"。

　　这种"哪壶不开提哪壶"的话，还是不说也罢，不会伤害友谊。

　　不管你的本意如何，那些可能揭起别人心中伤口或痛处的话，都必须避免。只有负伤的当事人自己能往好处想才能走出伤痛，你不必强作解人，硬要帮人家建立伤口的正面意义。

　　本想表达羡慕之情，却在无意间揭人伤疤，这得怪自己不识相，不能怪人家多心。

淡如的叮咛

　　不要揭人伤疤，不管你是否心存善意。

　　就算是知心好友，就算他走过伤痛后仍然坚强，也不要去提他曾经有过的伤痛。

　　想安慰别人，如果不够了解状况，可能会适得其反。不如倾听他的心声即可，不要轻易下判断。

　　有过伤痛的人，并不一定需要你的同情或怜悯。如果你真的欣赏他，只要表明你的欣赏就好，有些事不必说得太明。因为他未必喜欢别人提起他的过去，而你的理解也有可能是错的。

PART2

职场魅力

说出来

学富五车，不如关心别人感受

•••••

人性浅说：你越高傲，人家越想打击你；你越谦和，人家越尊敬你。

所以，用贬低别人的话语来垫高自己，最笨！

一次聚餐中，我碰见一位非常有"个人特色"的客人。他说话横冲直撞的程度，让人"大开眼界"。

年过半百的他看起来文质彬彬，是某位友人临时邀请来的贵客。友人介绍，他学富五车，曾经担任过政界高官。

也许是当过"政治人物"的缘故，平时大家对他都毕恭毕敬，而他虽然已经从职位上退休，应该还享有某些特权，还有人听他使唤。

所以，他说起话来特别有权威感、有魄力，从一开始打招呼，即可见其杀伤力。

友人跟他介绍，同桌的 A 君是知名小说家。

他马上说："喔，是吗？我从来不看小说，所以我不认识。"

哇，当下很多人脸上浮现了六条线。

接着，友人又介绍一位在某报工作的知名媒体人。

"喔，我平常很少看那个报纸，现在的新闻都不值得看了。"

这会儿，为他介绍朋友的人也面有难色，不知是不是该将同桌的所有朋友都介绍给他。

我也很害怕，因为轮到我了。

"这是知名的电视节目主持人……"

他果然也立刻说："我也不看电视。现在的电视节目都很没营养，我孩子从小就不准看电视。"

我必须承认他的说法不是没有道理。不过，敢当面完全否定每个人的行业，还真是世所罕见啊！

就在这个时候，一位貌美如花的 B 女士匆匆赶到。

"喂，好久不见。记得我是谁吗？"这回，他先打招呼了。

B 女士向来人缘甚佳，不过，看她一头雾水的样子，显然记不起此人。

"你不记得我了？"他有点不高兴地说，"我十年前就认识你了，还见过你两次。两次你都跟不一样的男友在一起。那时候你很年轻，还很漂亮……"

哇，这下厉害了，一句招呼，就藏了好几把刀。

"……我……我……我真的忘记了……您是否可以提醒我……"

有人在 B 女士耳边提醒此客的姓名。B 女士的修养很好，举起酒杯说："噢，原来你是×××。我没先认出你，先罚三杯……"

比较起来，我很庆幸他完全不认识我。

这位客人，真让我大开眼界。他或许很有学问，但实在没礼貌。他一定以为自己是个有话直说的正直之士吧。也许官做得太大，一直被人捧得太高，世界以他为主，所以从来不必关心他人感受。他是被自己原有的地位宠坏了吧。

一个人头发花白，还能在第一次见面时不畏树敌，表明他向来幸运。不过在脱离官僚体制的保护之后，应该也不会活得太如鱼得水。

就算满腹学识，能够不被自己的地位宠坏，还真不是易事。

淡如的叮咛

　　说话是餐桌礼仪的一部分，说得好有助于提升人气，请特别留意以下几点：

　　1. 遇到好久不见的人，别提起人家的私事。有时连"你先生还好吗？""请替我向你太太问好"都不能说，何况是问起人家的男女朋友呢？现代社会，感情变化太迅速了，动不动你就可能变成"不识相的人"。

　　2. 不要批评别人的职业，也不要一直问别人"到底在做什么"，频频追问细节。

　　3. 如果真的根本不了解别人那行在做什么，也缺乏了解的兴趣，不如装作恍然大悟地说"啊，久仰久仰"或"佩服佩服"就好了。何必在一顿饭里为自己树敌呢？

地位越高，态度越谦和，越能得人心。我看过最成功的一个政要，连盛汤时都会主动站起来帮同桌服务呢！虽然众人受宠若惊，抢着要做，但他这一个小举动，在人际关系上就成功啦！这是小投资大收获呢！

刻薄不是正义之声

•••••

人性浅说：即使不得不吃药，也希望苦药外面包着糖衣。

所以，用真话批评人，不但别人听不进去，还突显了自己的

刻薄。

　　聚会中，来了一个朋友的朋友，他那有点睥睨的眼神，

笑也不笑的嘴角，就让人感觉到：这个人不是自视甚高，就

是来者不善。

　　果然，他一开口，每个人都觉得被打了两巴掌。

　　某人讲起理财投资，谈到索罗斯。他一开口回应，就是：

"这你就落伍了。他早就不红了，现在还拿来讲……你要再

多进修。"

哇，众人面面相觑。

某人讲起澳洲红酒好喝，他马上说："这是品位问题。我喝红酒已经很多年了，澳洲红酒根本不能够登大雅之堂……"

又有另外一位友人拉下脸来。

不久，我又在另一公开场合遇到他，当场有一位年纪较长的知名女士在。他一开口，就说："久闻你年轻时是个美女……"

女士当然很不高兴。女士离开后，我又听见他说："她提供给媒体的照片，应该都是很年轻的时候照的吧。岁月真不饶人，她应该要早日回家含饴弄孙了。"

不久，他开始演说起来。话里批评起当今政坛和影坛，都饱含不屑。有些，他还说是他的朋友，但也不放过损人的机会。有些话虽然还满好笑，但也都是在刻薄人，认识那些人的人，都笑不出来。

他在说这些话的之前或之后，都会加上一句："我这人不说假话，说话就是很直接。"

说话不带脏字，但使人人都觉得被羞辱的人，谈话上似乎占了上风，别人却会私下提高警惕："此人不宜深交。"

有不少人，把刻薄当正直，以正义之士自居，看什么都不完美、不顺眼，什么都要批评，而他们的批评或劝谏，完全不留情面。

其实，任何劝诫或批评，如果想得到效果，要别人听得进去，都不可以像一把锋利的刀子，否则只会显得自己刻薄，听者只会觉得你是来踢馆、来伤人的，心态有问题。

惯说假话者固然难当朋友，自以为句句真话的人也很容易树敌。

现实世界里，敢以刻薄当正直的人，都是江湖路走得不够多，教训还领教得不够。不少人在现实中不敢如此，都隐遁在网络上了。现在的网络上，匿名攻击者实在多，几乎每个博客写手，都曾遭到"沽名卖直"的网友攻击。很多匿名者都肆无忌惮，专事摧毁。

说话只图自己一个"爽"字，无益人际关系，且只能换得长长久久阴暗潮湿的内心世界而已。

淡如的叮咛

如果你真的想说真话，可参考以下几个重点：

1.你知道某人不是好人，而朋友问你意见，你非说不可时，不如先吞吞吐吐一下，人家就知道你的意思了。

2.凡事保留五分，因为你所知道的，也可能是误传。如果你确信自己的认知无误，也不能够夸大那人罪行，免得显露出一副"小人"的嘴脸。

3.若事不关己，最好不要主动开口，在座可能有他的好友在场。

4.若别人的意见在你看来是不对的，你至少要先称许他看法中的可取之处，不要一下子用否定句给人家泼冷水。

这些名人真会说话

打比喻的妙法

三国时代，有一年蜀地干旱，粮食短缺，刘备下令不许百姓再拿粮食来酿酒。由于执法甚严，民家若被搜到有酿酒器材，就会被抓到官府治罪，受株连者众多。

某日，大臣简雍与刘备一起出游，看到路旁有一对男女走在一起，就对刘备说："主公啊，他们一定是要去通奸，赶快把他们抓起来！"

"你怎么知道他们要通奸？"

"因为他们身上都带着淫具，跟那些家里有酿酒器具被抓的人一样啊！"

刘备大笑，也自知理亏，把那些家藏酒器的人都放了。

用坦白打败长舌妇

• • • • •

人性浅说：你不自己设好原则、界线，对方就会得寸进尺。

所以，打败长舌的最好方法，就是告诉他："十分钟后，我有事要去忙了。"

她是一个"好好太太"，上班时是好员工，在家要当好妻子、好妈妈，对于夫家的诸亲友，也都有礼而亲切。

但亲切的人自有她的烦恼。

小姑在未婚时就把大嫂当知己，嫁到美国之后，仍然不时打电话来跟她聊天。

刚开始，她还觉得自己能够和小姑如此"要好"，真值得骄傲。但随着小姑在美国的生活越来越无聊，她的压力也越来越大。

小姑总是抱怨自己的先生和生活琐事，电话一打就是一个多小时。连她试图尿遁或以"孩子正在哭"为由，想要挂电话，小姑都会很不识相地说："那我等一会儿再打。"

她本来所剩的时间已经不多，被小姑的怨言侵蚀得所剩无几，什么事都做不成，每天筋疲力尽。

相当神经质的小姑，最长的纪录是讲了三个小时，听得她耳膜都快燃烧起来了。

同样的事情，一再重复，劝也没用。

原来小姑只想找一个发泄情绪的垃圾桶，而不是心理导师。

"我真想狠狠挂断电话，或告诉她我很忙，别再打了。可是，这么一来，我们的关系就会恶化，她又是我的姻亲，怎么办呢？"

"好好太太"在时间管理上的最大困难，就在于太想要面面俱到。什么事都要做到一百分，如果不是一百分，她就以为自己会得零分。

她当然不必狠狠撕破脸，但也不必要求自己完全讨好别人，只要抱着及格主义即可。有些人、事、物值得好好应对，有些只要应付过去就行。

这不是一个很难解决的问题。她可以使用一点技巧，请老公代接电话说自己正在忙，或请小孩在她和小姑讲电话超过十五分钟时帮一点忙，大叫："妈妈！"多试几次，也许她就会知难而退。

坦白说自己很忙，比勉强当垃圾桶好，也可以告诉对方，自己还有工作没做完，需要准备，只要语气客气一些，请求对方谅解，就不会有关系恶化的问题。

再怎么神经质的长舌妇，也不想当一个只在乎自己、不在乎别人的自私鬼。

这种人只是寂寞罢了。

而一个人会得寸进尺，必然与你没有把原则、界线设定好有关。

一开始就"划好国界",比到了不得已时才树立界碑来得让人容易接受。最怕的是一开始没有底线,后来才来抱怨对方侵扰自己的时间,对方反而会觉得:你这个人表里不一,心里会更受伤。

淡如的叮咛

如何拒绝喋喋不休的长舌者？

坦白而客气地说明自己还有事。没有人想当自私鬼，他会尊重你。

请别人帮忙自己砍断过长的谈话时间。

很多老板都会用这一招：授意秘书，在某个时间打电话来提醒"等一下有事"——其实未必真有，只是想要节省时间罢了。

如果对方一再重复同样的话，讲同一个故事，你不如善意地帮他把你已知的内容接下去，然后跟他说："这件事让人印象好深刻，我深记在心。"这不但可以提醒他不要再重复，也可以表示你很重视他说过的话，是个两全其美的方法。

培养自信，别做应声虫

•••••

人性浅说：有自信，就显得有能力、值得信赖。

所以，想要得到别人的信任，与其复述别人的看法，不如想想自己的主张。

张总对小廖一向很欣赏，只不过，小廖一直难以升职。

小廖的优点是忠心耿耿，他陪同张总创业，不论做什么，都认真负责。

小廖不能升职的原因，在于张总并不相信他有领导统御的能力。

"每次，我跟他讲话，他总会重复我的话尾。比如我对他说'这件事请你明天办好'，他会在我话说完前重复'明天办好'这几个字。一次没关系，但几句话下来，我会觉得很烦。我明白，他是要告诉我，他很了解我，而且愿意配合，可是……跟他说话真不舒服。"

"那是因为他很在意你，所以很紧张。"我说。

我看过不少这样的人。有一次我在节目上遇到一位比较少参加谈话性节目的来宾，不管主持人、其他来宾说什么，她都会重复他们的话尾，再说一遍意味着："这件事我也知道呢！"但我深深觉得，自己和其他来宾的说话节奏被她打断得支离破碎。制作人也在一边摇头，说："这样很难剪接哎。"我当时真的好想告诉她："你冷静下来好吗？不是每一句话你都得附和。"

因为是现场节目，无法喊"卡"，最后制作人只好举起纸板，要求这位来宾"让别人把每句话讲完整"。

张总对小廖的说话方式也觉得很无奈。"这种'应声虫'式的说话方法，实在让人觉得不舒服。他紧张我知道，但是这让我也变得很紧张了。"

　　我听过不少人反映，他的另一半也常会启动"实时应话系统"，使他觉得"跟你说话，很难讲得顺畅"。其实，只不过是听话的那一方太想加入谈话内容，太在乎对方，却又对自己没什么自信，情绪一直在备战状态的缘故。

　　有这种状况的人，必须有些自省能力，因为别人未必会直接提醒他，却可能因为跟他说话不舒服又不顺畅，尽量避免和他沟通。

　　要别人愿意跟你说话，并且让他知道，他说的话你都明白，其实只需要眼神专注，仔细静听即可。复述别人的看法，不如想想自己的主张。好的说话者像好画家，"留白"的能力是很重要的。

淡如的叮咛

　　在交谈中会重复对方话尾的人，通常是太紧张，对自己没有自信。其实，要让对方知道你明白他说的话，只需眼神专注，仔细静听即可。

想听到真话有诀窍

• • • • •

人性浅说：在台面上，就讲场面话；在私底下，才会说真心话。

所以，多鼓励、少否定，可以帮助真心话浮出台面。

我当过上班族，开过许多会。我相信，会后大家私下交头接耳的话，绝对比在会议中讲的更值得纳入会议记录。

会后总有人说："这样根本行不通，我本来想提出某某意见啦，不过算了，言多必失……"

为什么大家不想在会议中提出意见，老是退缩不肯表达呢？恐怕跟主管的人格特质有关。如果主管先把自己的意见说了，谁敢提出不一样的看法？大家都知道，会做人恐怕比会做事来得重要啊！

联强集团总裁杜书伍说，主管若想要搜集隐藏在员工心中的各种问题和看法，一定要注意，别用说话方式浇熄员工的意见。

杜书伍举出了几句主管不能讲的话。比如用"不！"立刻否定员工的意见，恫吓效果十足，员工多被否定几次，就没有勇气提出自己的意见了。

再如，惜字如金、不置可否的主管，也会阻绝员工提出意见的意愿。

他说，管理者应该习惯奖励可行的策略，比如以"好，让我们就这样做吧"来回应。

与其说"不"，不如改为"很好，但是……"的句型。此话代表肯定员工意见，只是强调现阶段难以落实而已。

若一定要否定员工的提议，一定要说明原因，不可以简短回绝。如果一时没法决定，不如为自己留下空间，说："让我想想看……"

重视员工的意见，才不会把公司搞成一言堂。想检视公司问题，就不能以不善言辞来浇熄员工的意见。

淡如的叮咛

　　谈判沟通时，除了"就事论事"，也要注意态度，不要表面上赢了，里子却输了。

　　拙劣的谈判者都像是来上战场杀敌的，咄咄逼人，企图坚持自己全部是对的，所有想法与条件都要被接受，硬要对方签下接近"丧权辱国"的条款，一点也不肯妥协与让步。

　　好的谈判者并不是全赢的人。就算大获全胜，也会留一点让别人赢，而不是在言语上占尽机锋，让对方下不了台。

　　赢这一次，不能输下一次，所以这一次一定要赢在风度。

　　特别是在与有感情关系的人谈判和沟通时，千万不要企图把对方吃得死死的。赢了一切、输了感情，那么，你怎样都是输了。

三顾茅庐，但不要"卢"

●●●●●

人性浅说：过犹不及。

所以，小心，锲而不舍表现的应是你的诚意和决心，而不是自我中心和白目。

刘备三顾茅庐，终于以诚心感化了聪明绝顶的诸葛亮——从有这个故事以来，就有人认定，只要一试再试，就一定会成功。人家三顾茅庐，他就用"卢"（台湾话，"很烦人""很啰唆"之意）的。乱"卢"一通者有几种常见情形：

一、无知到听不懂别人的暗示。

比如，他打电话来诉苦，你已认真听了一个小时，他却还叨叨不休，你跟他说："对不起，我要去上厕所了。"
本意是希望他结束谈话，他却还可以说："没关系，我等你
上完厕所回来讲。"

二、观念里只有自己的事是重要的。

他邀你出席宴会，你说那天没空。他却还坚持："你非
来不可，我等你，不见不散！"

有的秘书或员工代表老板来邀约餐会、演讲，人家恳切
告诉他当日无法抽身，他还能说："不行啦，我们老板交代，
一定要请到你才行！"

奇怪了，你老板又不是我老板……

最糟的是，不但唯我独尊还语出恐吓："你不来我就死
给你看喔！"或许只是玩笑，但听者一点也不觉得好玩。

三、训练不佳的推销员。

他们相信工作守则里"有志者事竟成"的鼓励，认为你
这次不想买，不等于下次不想买。

我曾在一家咖啡店里，听一位新进保险从业人员慷慨激

昂地劝说他旧日同窗："你想想，你老婆是家庭主妇，孩子又那么小，如果不买保险，万一你怎么样了，你对得起他们吗？老婆拖着小孩，找不到工作，要改嫁也难……"

有这样的同学，谁还需要敌人呢？

四、狗急跳墙的借钱者。

他和你不算熟，把自己说得很惨，如果你不借给他钱，明天就看不到他；若不借给他，你就是没心没肝。

聪明的应付者都会说："我的钱都是太太（先生）在管，我得和她（他）商量。"先用缓兵之计再说。

我看过最厉害的应对方法是：用肯定方法否决。"哇！这么久没见面，你还能想到我，我知道你很看得起我，但是我刚买了房子，有好多贷款要付，实在很吃力。如果我有钱，当然很愿意借你。"

当然，继续"卢"的也大有人在："你有信用卡吧？办点小额信贷，多少借点钱给我……"

那就假装电话不小心没信号自动断了吧！

淡如的叮咛

　　效法刘备三顾茅庐、越挫越勇的精神固然可嘉，但也要看用在什么地方、用在什么人身上。

　　如果别人已经婉拒再三，就不要再继续纠缠下去，让人觉得你很"卢"。

赞美你的敌人

•••••

人性浅说：伸手不打笑脸人。

所以，赞美你的敌人吧！就算不能化敌为友，至少可以显示自己的气度。

　　我有两个朋友，一位担任某市议员多年，一位则是该市市长。两人私底下情谊不错，但因属于不同政党，所以在议会中常站在相反的立场。但即使是针锋相对，两人还是不忘幽默。

　　为了避免对号入座，在此我称呼他们为A市长和B议员。

　　有一次，A公开赞美B："B是一个好人，虽然他的那

个 ××× 党，好人不多。"

这话让 B 哭笑不得。

B 也回敬："在你那个 ××× 党，你也是我看过有史以来最有耐力的人。"

B 议员的书法造诣很高，他隐姓埋名参加美展征选，得到第一名。

A 市长颁奖时，也开了 B 议员一个玩笑："没想到 B 议员的书法写得这么好，我个人非常希望他多花点时间写书法，不要到议会找我麻烦。"

A 市长真是我看过最懂说话艺术的政治人物。

当过外交官的他很会运用语言中的小睿智。比如，在某个与幸福人生有关的记者会中，他一出现就说："我是台湾唯一幸福的市长。"

大家觉得很奇怪，为什么他敢说自己是唯一幸福的市长？

"我是说，我是唯一一个姓胡的市长啦！"

这虽然是个冷笑话，但也在最短时间内抓住了媒体的注意力。

他在做对外工作期间，曾应邀到某一小国演讲。当地很冷，所以他穿了很正式也很厚重的衣服。可是到了会场之后，礼堂里人太多，挤成一个大暖炉，热得不得了。他很想脱掉外套，但又怕不够庄重。

上台后，他对听众说："虽然外头很冷，但是大家的热情，让我打从心里头热了起来，所以就让我脱掉这一件外套吧……"

深谙说话艺术的 A 市长认得每个记者，而且很擅长将这些说话不留情面的记者变成自己的"民间友人"。

一位朋友 C 记者曾说，A 市长真是贴心至极。一般政治人物在随行人员的簇拥下，总是匆匆来去，眼睛只看下方，更别提主动打招呼。

但 A 市长都会主动跟认识的人打招呼。

某一次，在一个公开场合，他在一群人簇拥下匆匆离开，迟到的 C 迎面走来。当时的 C 只是个菜鸟记者，心想，还是不要跟 A 打招呼算了，免得他不记得自己，徒增尴尬。

没想到，A市长一看到C，马上大笑着向C走过去，说："×××（不雅的三字经），我不来找你，你打算假装不认识我吗？！"还用手轻捶了他胸膛一拳。

C简直感激涕零，对这种知遇之恩铭感五内，从此很难写A的坏话。

2008年地区领导人选举时，两位候选人在赞美敌手时也都具有意在言外的幽默感。

有记者问两人："说说你对手的缺点是什么？"

这是一个带着挑拨意味的问题。直接说出对方缺点，没有风度，但又不能够赞美对方的政见有道理。

甲候选人回避了这个问题，他说："他很爱老婆，这是他的优点。"

（言下之意是否是：其他都是缺点？）

乙也很高明，他说："甲的缺点就是他优点太多。"

（甲的个人形象素来良好，没啥好批评。但也有人说，他形象虽好，恐怕魄力不够，乙说他优点太多，也许暗示他是个好好先生，就是不敢得罪人，没有个性……当然，以上纯属个人推断。）

　　这两位候选人在回答这个问题时至少都知道：常做人身攻击的人，会在他人心中留下"小人"的印象，并不会赢得人心。不做人身攻击，才能赢得大众的好印象。赞美敌人，更会让别人觉得你有风度。

淡如的叮咛

　　这是在网络上被转寄已久的"必看说话规则"，在人际沟通上自有一番道理：

　　别人的事，小心说。

　　长辈的事，多听少说。

　　孩子的事，开导着说。

　　小事，幽默地说。

　　做不到的事，别乱说。

　　伤心的事，千万别逢人就说！

　　自己的事，听别人怎么说。

　　夫妻间事，商量着说。

急事，慢慢说。

未必会发生的事，别胡说。

伤人的事，绝不说。

这些名人真会说话

推翻常规才叫名言

有位同学常寄一些有趣的资讯给我。不久前，他寄给我一些名人名言。

这些名言都有撼动人心的小小力量，并不因为它们是名人讲的，而是讲的人懂得推翻常规，颠覆约定俗成的看法。

比如，舒淇说："我认为，性感是一种赞美。你知道花瓶有多难演吗？"

这真是强而有力的辩白，你会觉得：嘿，说得也对。

还有，善于比喻。比如，诗人洛夫说："在历史里的诗人是伟大的，但住在隔壁的诗人就是笑话。"

这样一句话里隐藏的感叹，比很多酸溜溜的自嘲什么"文学不受重视""出版不景气"的俗套高明多了。

　　若是自谦之词，王文华这一句也说得漂亮："成名对我来说很意外。但是再怎么有名，冰岛人也不认识你呀！"

　　打比喻是艺术家的专长。吴炫三是这么说灵感的："我觉得，灵感是上帝给你的悄悄话，他很忙，不会再告诉你第二次，一定要随手记下来。"

　　真是切中人心的名言啊！

PART 3

家庭和美

说出来

女人心中想听的话

• • • • •

人性浅说：有时候，兴师问罪只是撒娇的手段，目的是想得到一点关心而已。

所以，你又何必那么各啬呢？

有一次，我到知名科技公司演讲时，给工程师们出了一个问题：如果你的女朋友忽然问你"你不爱我了吗"时，你会如何回答？

以下三种回应，都是一般渐渐远离热恋期的男子的正常反应：

一、你不要无理取闹好不好？

二、你老是要我说我爱你，干脆我录下来，你高兴放几次都可以，好不好？

三、我又哪里得罪你了？

我从听众中找出一男一女来示范。有位工程师很聪明，当女孩问他"你不爱我了吗"的时候，他回答的是："怎么可能？"

真是高手，四个字拨千斤。他没有中计，因为以上三种回答都会惹得女人不高兴。

女人有个特长，就是偏爱用否定问题，来求得肯定答复。她们问"你不爱我了吗"，心中其实是期盼男人回答："我当然爱你。"

但是，多数忠厚诚实的男人都没有这种慧根，他们只会觉得自己不被信任，女人又开始找麻烦了。

现代人都忙。有时候男人加班忙起来没日没夜，常常忽略了女朋友。女友有时看来好像在生男人工作的气，在他最忙的时候打电话质问："喂，你不理我了？"

男人通常都会以为女人在兴师问罪，而据实回答："喂，我很忙，连饭都没时间吃，你别再胡思乱想了好不好？"

这种回答，多半会让女人更加气恼。她想讨爱，却只讨了没趣。

说穿了，女人只不过需要多一点关心而已。男人说"我很忙"，会让女人觉得"是不是连我打电话给你，你都觉得在占用你的宝贵时间，所以才这么不耐烦？你追我的时候，可不是这样的，就算是三更半夜，我打电话给你，你也欣喜万分，还曾陪我聊到天亮，也不管明天要不要上班呢……"

一种"今非昔比"的感伤就袭来了。

如果女人和男人的工作吃醋，质问男人："你不理我了？"这时，又怎么回答？

"怎么可能？"这是一个很棒的答案。比回答"你是我的世界中心"或"我一直想着你"容易出口，不会太肉麻恶心，也有安抚效果。

淡如的叮咛

　　女人有个特长，就是偏爱用否定问题，来求得肯定答复。当她问"你不爱我了吗"，心中期盼的是男人回答"我当然爱你"。

　　如果男人觉得这种回答太肉麻，但也不想莫名招来女人的怒气，反问她"怎么可能？"或许是不错的解答。

"没关系" 其实都有关系

●●●●●

人性浅说：事不过三，忍耐是有限度的。

所以，听人家说"没关系"太多次了，一定要懂得弥补，否则必然有关系。

小赵素来有迟到的习惯，他这习惯，不知已经得罪了多少任女友，但他就是改不过来，不知该说是天性还是惰性使然。不过，天性与惰性，本来也是分不开的。

有一天，小赵又迟到了半个钟头，本来约好要看的电影已经开演了。可怜今分的女朋友已经买好了票，却在场外站着枯等他。

"对不起啦，对不起啦，路上堵车。"

女友冷冷地说："没关系。"

"来，我请你吃大餐好了。"

啊！付钱时，小赵发现自己竟然忘了带钱。他也不是故意的，只是一向也很健忘。

"可不可以请你先付？"他极不好意思地说，"我不是故意的……奇怪，明明有带皮夹出来。"

女友没有拒绝，但是双唇一直紧闭着。

屋漏偏逢连夜雨，约会后，小赵送女友回家，车子却半路抛锚。

"哇，不知道哪里故障。"

"没关系，我搭出租车回去好了。"

小赵本来还以为，一直说没关系的现任女友，是他历任女友中最体贴的一位。没想到过几天，女友"无预警"地（也许是小赵根本没看到警示灯亮起）提出分手要求。小赵与她恳谈后，发现两人分手的导火线，都是这些她说"没关系"的小事情。

"她不是说没关系吗？女人真难懂。"

其实女人很好懂。一次没关系，但一堆没关系就会变成有关系。一时没关系，但如果要考虑跟你天长地久，就会有关系。

一次没关系，表示她可以克制，很多次"没关系"就会点燃火药，变成一整个由"没关系"积累而成的火药库爆炸。

很多女人为了避免当下的冲突，常说没关系，用来冷却现场气氛，其实心里还是有关系。男人不能只听字面意义，要能从对方的表情和语调的抑扬顿挫中，体会"没关系"到底有没有关系。

怎么判别呢？如果是咬牙切齿、翻白眼的"没关系"，当然是有关系。

冷冷的、语尾音频往下掉的"没关系"，也是有关系，表示她已经在心里隐忍你了。

只有一种"没关系"是真的没关系。

如果她仍能面带甜美微笑，因为怕你见怪，很急促地用语尾往上扬的语调说"没关系、没关系"，那才是真正没关系。

　　不过，通常会这样说没关系的，都是真的和你在感情关系上没关系的人。多半是训练良好的销售员才做得到。

　　否则，答应别人而没做到的事，不管大事小事，其实都有关系。

淡如的叮咛

一次没关系，一堆没关系就会变成有关系。

仍能面带甜美微笑，因为怕你见怪，很急促地用语尾往上扬的语调说"没关系、没关系"，那才是真正没关系。

冷冷的、语尾音频往下掉的没关系，通常有关系。

答应别人而没做到的事，不管大事小事，其实都有关系。

真爱也不敌会说话

•••••

人性浅说：好听的话人人爱，爱到可以不分青红皂白。

所以，正因为薛宝钗有一张甜嘴，林黛玉的爱情，也就注定了是一场悲剧。

几年前，我曾经写过一本《新说红楼梦》。

谈到说话，《红楼梦》里的人物也是个好题材。

谈起《红楼梦》中的女子，最让人印象深刻的，就是林黛玉和薛宝钗的对比。少了谁，故事都不会精彩。

《红楼梦》的结局熟记在每个读者心中。最后，贾母放弃了和自己血缘较亲的外孙女林黛玉，让心智已经疯狂的贾宝玉在安排下娶了薛宝钗。

林黛玉只是输在体弱多病吗？不见得。

从 EQ 来看林黛玉，如果她是个真人，恐怕人人都会觉得，她的缺点比优点多。

她的器量确实小。怎么小呢？有一次，薛宝钗的母亲带了宫花来，托个管家送给住在贾府的姊妹们，送花人顺路送了过去，最后才送到黛玉的住处（因为她是住得最远的）。别的姑娘拿了宫花，好歹会跟送花的管家说声谢，她偏偏要拐弯抹角地问：“只送我一个，还是大家都有？”那管家摸不着意思，诚实回答：“大家都有。这两支是姑娘的。”黛玉听了，竟然冷笑道：“我就知道，如果不是别人挑剩下的，也不会拿到我这里来。”——连收到礼物都不开心，这样的女子，确实难讨好。

还有，她也爱自命清高。大观园里养了个戏班子，戏班子里头有个小姑娘，大家都觉得她长得像黛玉，却都知道黛玉心眼小，心照不宣。只有神经最大条的湘云，把实话说了出来，惹得黛玉大大地生了气。

只因戏子身份卑微，就不能长得像她？这也太说不过去，太斤斤计较了。

她还有些刻薄。刘姥姥为了弄点银两度过荒年，阴差阳错进大观园逗得贾母开心，黛玉却称呼这位老太太"母蝗虫"，听来让人觉得怪不舒服。

黛玉葬花的情节，是《红楼梦》中的经典片段，那一幅少女荷锄葬花的画面，确实凄绝美绝。然而，这样的景象背后，藏着的不只是多愁善感的灵魂，还有一颗拒绝接受现实的心：连落花陷污泥都无法忍受，她的精神洁癖岂能接受世间其他种种丑恶？一碰到感情，不要说沙子，可能连一点灰尘也容不下吧！

偏偏大观园里出现了薛宝钗这个大情敌，身上还戴着个金锁佩饰，和贾宝玉凑成了"金玉良缘"。这件事，使得她如鲠在喉，动不动就和宝玉怄气！这样会生闷气的女子，在长辈眼里，怎么可能是好媳妇？

所以她不像薛宝钗一样得到长辈的喜爱，她的爱情注定是悲剧。

从心理分析来看林黛玉，她自命清高的背后，是自卑在作祟。她自幼丧母，少女时期又丧父，只好投靠外祖母和舅舅。寄人篱下，个性好强的她为了一点尊严，把自己弄成了一只纸老虎。

虽然，林黛玉的文学形象是真诚可爱的。

黛玉是文人之女，宝钗是富商之女，她们的出身点出了她们的性格。

林黛玉说话酸不溜丢，爱消遣人，薛宝钗却懂和气生财。她也有才华，不输林黛玉，黛玉写的诗意境总是悲苦，宝钗的诗却总是很吉祥如意，连一向被视为无根而漂泊的可怜柳絮，都可以被她翻案，写成"万缕千丝终不改，任它随聚随分，韶华休笑本无根，好风凭借力，送我上青云！"

好阳光的一个女人。

她和林黛玉完全不一样，葬花对她而言必然是个笑话。如果没有这个对照组，林黛玉的形象也会失色许多。

林黛玉心眼多，却没心机；薛宝钗器量大，心机却深。在大观园里的薛宝钗，也不过十来岁，就非常懂得做人。

会做人到什么地步呢？她分送礼物时，连贾府里面最惹人嫌的赵姨娘（贾宝玉父亲贾政的侍妾，也是贾环的母亲）都有一份，让赵姨娘受宠若惊地想："怪不得人家都说宝丫头好，如果是林丫头，连正眼都不会看我们母子一眼，别说送东西了！"

黛玉说话处处调侃人，宝钗说话却处处为人着想。宝玉跑到母亲王夫人房里和金钏儿调笑了几句，惹得王夫人生气，撵走了金钏儿，金钏儿竟然投井自杀以证明自己无辜。王夫人正感到良心不安时，宝钗可以笑着对王夫人说："我们都知道您一向是个大善人，所以您才以为她的死跟您有关。我想她不会赌气投井，而是到井边玩，不小心掉下去的……就算她是生气去投井的，也是个糊涂人，死不足惜！"

话说得好，也说得有理，说完还把自己的新衣服拿去给金钏儿做丧服，帮王夫人一个忙，表现出毫不忌讳的气度。这一点，使她深得未来婆婆的欢心。

可是，这样的安慰话可不是一般少女说得出来的。她识大体到了没有真性情的地步——黛玉连花谢了都会哭，宝钗连人死了都能冷淡处之。但这种大度却是很让有权力的长辈喜欢的。

在黛玉病入膏肓时，她竟可以顶替黛玉嫁给宝玉，虽然说长辈之命难违，但她表现得一点也不迟疑，就有点让读者心寒了。

宝玉曾说，女人婚前都很可爱，像珍珠，婚后却常沾染了男人的气味，浑浊起来，变成鱼眼睛，比男人更不可爱。婚后的宝钗就应验了这句话，变成了一个只会苦劝丈夫考功名，丈夫只要有一点感伤，她都要大泼冷水的妇人。

后来，贾宝玉还是离开她，当和尚去了。

林黛玉适合当初恋情人来怀念，酸甜苦辣在记忆里都会很深刻，薛宝钗适合一起做生意，在有利共享的时候，她会让你觉得，跟她合作真是如沐春风；就算你不负责任，她也会撑下去！

淡如的叮咛

传统长辈会喜欢的下一代：

1.情绪表现平稳，绝不能动不动秀个苦瓜脸出来。

2.不计较：不管是在心眼里，还是出手上。

3.会安慰人：这一点薛宝钗是高手。知道长辈需要什么安慰，就讲那些话让他宽心。

4.不在背后说长道短，碎嘴议论人家是非。

以上四点，也是老板会喜欢的现代员工典型。

赞美别人的本质

● ● ● ● ●

人性浅说：希望自己是独一无二的个体，不是可被取代的多功能集合体。

所以，强调对方的独特性，谁听了不会高兴？

某一次的社团活动办了两性讲座，阿松带着妻子小燕去参加。

会中，演讲者要丈夫们说出太太的三个优点。

阿松的朋友阿成说自己的妻子美美："漂亮，身材好，很聪明。"

美美乐呵呵地看着阿成，社团友人也爆出掌声。

其实，美美身材并不好，腰围至少比小燕多 20 厘米，长得也不怎么样。

小燕对阿松说："你看，阿成真厉害，让老婆那么开心。"

轮到阿松时，他也想把话说得让太太开心，于是说："我太太地扫得很干净，菜煮得好吃，很照顾我。"

他认为自己说得很实在，但小燕脸上却挂着失望的表情，也没人鼓掌。

回家后，小燕还跟他怄气。

"我知道你不高兴，但我哪里说错了？"

"你说的都对，不过，我听起来觉得自己像个保姆。那些能力，随便找个受过训练的保姆，都做得到。"

阿松心想，女人实在难以讨好。怎么这么赞美妻子也不对呢？

"难道老老实实也是一种错？"

他的问题和许多自认为"不靠一张嘴"的人相同。他们自认说话实在，最怕把赞美说得太恶心，但在对方耳中，这些"实在"的话实在不动听。

没有人喜欢别人只赞美他的"功能"。

赞美别人的功能，出发点都是"我"，注重"他如何对我好"，再不敏感的人也难免会感觉，自己只是一台尽责的多功能家务机。"啊，原来他跟我在一起，只是因为我能够使他过得更好。"

举例来说，会说话的男人，会赞美女人的"本质"，像是漂亮、身材好、聪明，这些都是属于本质的特色。

纵然未必是真话，但也表示情人眼里出西施。强调了她的独特性，哪个女人听了会不高兴？

赞美她孝顺、会做菜、会生孩子、很顾家，当然也不错，但这些都只是"功能性赞美"，无法打动人。

要让女人开心，也可以强调她的重要性——不必说得太具体，她反而会很高兴。

比如："她对这个家很重要""她在我心中很重要""我人生中最幸运的事就是遇到她"……这样的回答足以让她心花怒放。

　　记得台中市长胡志强在妻子出车祸痊愈后，一起接受访问时，对媒体说："我们家有没有她这个人，会差很多。"这句话很平实，但听的人都感动不已。

　　求婚词也是一样的道理，不能强调功能性的条件。

　　有个工程师是这样跟一位认识不久的小学老师求婚的：

　　"我家里希望我娶一个公务员，你是小学老师，有固定薪水，还可以自己教小孩，很适合我。"

　　若你是那个小学女老师，会嫁给他吗？

　　不会！你会感觉他只是为了你那份固定薪水，才觉得你条件不错。

　　最好听的求婚词，必定不能少了"我爱你"和"我少不了你"。

　　附带功能性条件的赞美，留在心里就好。

　　好听的情话都是有些肉麻的。能把这些溢美之词用最诚恳的语调讲出来，女人很难不动心，除非她根本不喜欢你。

淡如的叮咛

适当的赞美，是超人气说话术中的重点。不过，赞美也需要技巧。

直接赞美未必有效，有时"马屁拍在马腿上"，对方不见得高兴。有时候当事人听多了赞美的话，也不觉得稀奇；说者若脸皮太薄，也会自觉恶心，好像自己有什么企图似的。真正懂得赞美的人，都会运用间接赞美法。"那一天碰到了 A，说起了你，他对你推崇敬佩得不得了……"

用 A 来赞美 B，你只是一个带话的人，比较容易说出口，而且 B 一定会觉得高兴。也就是说，直接赞美董事长，还不如对着董事长夫人赞美他。枕边人通常比他还高兴，一定会把好话传给他听。

越亲密，越要小心说话

•••••

人性浅说：狎近易生侮慢。轻声细语通常会用来应付外人，留给自己人的，反而是难看的脸色。

所以，别忘提醒自己，与亲密的人说话，也不要失了分寸。

美惠的男性主管在她面前抱怨自己的妻子："她真是个很难相处的女人，做什么她都不满意。连载她去大卖场买东西，我都头痛。她一路上指使我右转左转，连车停在哪里都要管。我又不是不认识路，真是受不了！还有，只要我跟她说几句话，她就一脸不耐烦，想要转移话题，我怎么跟她沟通下去！"

接着，主管看看美惠说："像你，总是面带微笑，像个天使，跟你说什么，你都很耐心倾听……"

主管这么赞美她，美惠当然高兴，可是，也暗自觉得心虚。

心虚的是，在主管面前，她当然像个天使，就算主管唠叨三小时，她也没有怨言，甚至会觉得自己甚受重视。问题在于，她可不是对每个人都这样子。

仔细想了想，对于男友而言，她说不定也是个"很难相处的女人"。男友就曾经好几次对她说："到底要我怎样做，你才满意？"在男友车上，她也偶尔会担任"指挥交通"的角色，和男友为了一些鸡毛小事吵起来。

因为两人认识已久，他想说什么，她都很清楚，如果他多说了几句，或重复讲老笑话，她也是一脸不耐烦啊。

角色不同，态度就不同。

认识的时间长短，无形中也影响彼此对待的品质。刚谈恋爱时，谁不想把最温柔的那一面端出来给情人看？但一旦关系稳定，犹如老夫老妻，很多人就忽略了对方的感受，开始变得难搞、难以取悦。

淡如的叮咛

就算你的另一半很爱你，也不希望你：

当众泼他冷水，说这个笑话你听过了，不好笑。

方向盘明明在他手中，你还指挥他如何开车。

他说一句，你唠叨十句。

他讲他的事，你根本不认真听。

一件琐事，你却重复好几次。

幽默要用对地方

•••••

人性浅说：别人的事被笑话，是开玩笑；自己的事被笑话，是人身攻击。

所以，请把你的幽默感发挥在自己身上吧！

小妮宣布要嫁给阿才时，曾经说她很欣赏阿才，因为"他虽然不帅，但是很幽默，跟他在一起，我应该每天都会很开心"。

言犹在耳，两人婚后却因为阿才自以为很幽默，但小妮却觉得他在嘲笑她而吵架。

某一天两人在床上温存时，阿才摸到小妮的小腹，竟说："哇，这件睡衣怎么这么厚、这么皱啊！该烫一烫了吧！"

小妮知道，自己婚后是稍微胖了一点没错，但没有到阿才说的地步吧！

于是，温存之夜变成了怄气之夜。阿才大惑不解："只不过开个玩笑，怎么心眼这么小呢？"

第二天，两人虽然依约与家人出游，但小妮余怒未消。

神经超大条的阿才，帮小妮拍照时，竟然还当着众人的面大声说："嘿，我要走远一点才能把你拍进去，镜头快装不下啰。"要不是怕人看笑话，小妮一定当场翻脸。

某天看小妮拿镜子在检视抬头纹，阿才竟然也说："放心啦，还不到可以夹死蚊子的地步！"让她七窍生烟，对自己的外表也快信心崩溃。

当年流行娃娃装，阿才不懂得欣赏也就罢了，还自以为风趣地对她说："你要是穿这样出去，人家会以为你怀了双胞胎呢！"小妮骂他不懂流行，说电视上明星都这么穿，他还反击说："哎哟，鸡跟白鹭鸶穿同样的衣服，长得还是不一样啊！"

更糟的是，他还会在友人聚会中说这些笑话，让大家笑个开怀。

"太可恨了！我还以为自己会是文艺小说里的女主角，没想到嫁给这么一个人，只能当笑话里的主角！"

小妮知道，阿才没什么其他缺点，也很照顾她，可是每次他拿她开玩笑时，她都气个半死。

她不是没有幽默感。但天下女人几乎是一样的，她们最不喜欢的幽默感就是自己的外貌、年龄、身材等被拿来开玩笑。这对她们来说，就等于是人身攻击。有雅量能忍耐此类玩笑的女人，实在不多，就算是"习惯了"，也不会乐在其中。

一般来说，拿女人的品位开玩笑，会比拿她的智商开玩笑，让她更不高兴。

被男人说穿得像大婶或装年轻，女人很少不翻脸。但若男人说："你真的是胸大无脑呢！"能够嬉皮笑脸坦然接受的女人，却还大有人在。

不过，男人还是别踩这些"地雷"比较保险。

淡如的叮咛

　　女人最不喜欢的"幽默感"就是自己的外貌、年龄、身材等被拿来开玩笑。男人要耍幽默时，切勿犯了大忌，踩到"地雷"。

　　如果要耍幽默，不妨拿自己开玩笑。这样，女人不但会被你逗笑，还会觉得你器量真大。

这些名人真会说话

有效的幽默

美国有史以来最幽默的作家，非马克·吐温莫属。

某天，他投宿一家旅馆。有朋友事先告诉他，这旅馆的蚊子不少。

当他在该旅馆里办理入住时，果然有大蚊子朝他飞来。

马克·吐温对柜台服务人员说："哇，早就听说贵宝地的蚊子非常聪明，果然名不虚传，它竟会先来看我登记的房间号码，以便晚上光临呢！"

服务人员大笑，也帮他事先做好了灭蚊工作。

幽默运用得恰到好处，比高声抗议更有效。

就别唠叨了

•••••
人性浅说：事不关己，己不关心；无能为力，关心也没用。
所以，如果你想对对方说的是这两种事，还是闭嘴吧！

志民早婚，才二十五岁，已经结婚三年。

"不过，我每次听到我太太在我耳边叨念时，都觉得自己好像已经结婚三十年一样。"他说。

女人变得唠叨，男人当然也可能有责任。他或许秉性坚强、百劝不听，所以她才一念再念，两人之间形成恶性循环。

一个变成唐三藏，对劣徒无能为力；一个变成孙悟空，唠叨就是他的紧箍咒。有时他会想：如果自己不是有责任的话，这个啰唆的师父给妖怪吃掉算了。

恶性循环的形成，并不需要很长的时间，唠叨也未必跟女人的年龄呈正相关，伴侣们一旦掉入这个循环中，想要改变就很难。

女人会抱怨"他都不听我说话"，不想了解她。

男人则会表示，他不是不听，而是这些话已经说了很多次；他也不是不改，而是无能为力。

志民说得妙："不是我不听她的话，而是她喜欢唠叨一些我根本没有办法改变的事情。"

比如，婆媳或翁媳生活习惯不同的问题："你妈为什么讲话都要那么大声？""你爸为什么上厕所都不会把门锁好？"

这些事情，他也觉得长辈有修正的空间，但那已经是他们的陈年习惯，教他如何启齿要他们改变？

有时，女人还喜欢议论另一半的朋友。"他那么花，你有时候也要劝他一下，这样下去不是办法……""你朋友的那个新女友说起话来真令人讨厌，真不知道他喜欢她哪一点……"

对男人而言，朋友的私事多半不关他的事，他也不想管闲事。你批评他的朋友，分明是说他眼光不佳，识人不明，间接伤害到他，他当然会生气。

有时女人还会拿一些男人根本不认识的人，当成重要话题讲很久。"你记得那个菜市场卖菜的阿荣吗？张妈妈告诉我，他最近有了小老婆……""我们楼上邻居太太看起来就是贪小便宜的样子，有人说她……"或者，讲起影视明星八卦，如数家珍。

对男人来说，这些都是"别人家的事，与他无关"，他根本不感兴趣，也不想太投入。

如果女人喜欢的只是这些话题，那么，他就会自动把这些列入"唠叨"，把她的形象打入"三姑六婆"，无怪他有耳无心，还会不自觉动气了。

淡如的叮咛

看时机说话是一大原则，如果对方有下列表现，请适可而止：

电话中，对方说话的声音已变得急促而简短，比如："好，好，好"，表示他另有急事，想要结束谈话。

他已心不在焉。眼神涣散，左顾右盼，代表他在想别的事情，这时你再讲什么都没用。

小动作很多。一会儿揉揉头，一会儿按按太阳穴，或不断地看着他的手机。

你去别人家拜访，如果对方开始问"要不要再帮你添茶""要不要再坐一会儿"时，你就得注意了，以上只是客套话。如果真的很欢迎你，他会直接帮你添茶。

对方在电话中表示"我在开会，待会儿回电"，请赶快挂掉电话——听来这种叮咛好像很无聊，对吗？其实不然，我可碰过不少人，即使我告诉他"现在正在开会""我不在台湾（意思是，不重要的事不要浪费我的电话费）"，他还不顾一切，一直要讲自己想讲的话。

简洁的话语，使人心生感激

· · · · ·

人性浅说：第一个和最后一个，才容易被记住。

所以，话说得那么长，谁能够记得住重点呢？

如果要结婚三年以上的男人说出真心话，至少有一半的人会嫌妻子啰唆。

女人跟一个男人在一起久了，想要不变成一个唠叨女，是要有自制力的；就像男人和一个女人相处久了，若还能集中注意力听她的话，必然要有很高超的自制力一样。

"不知怎么，以前只要说一句的事情，她现在会说三句。"很多男人可能都有同样的感慨。

　　有个丈夫是这样抱怨妻子的："上班前，我问她，有没有看到我的一个蓝色档案夹？只不过随口问问，她的回话马上像潮水般涌来：'哪有啊！你又没有交给我保管，问我做什么……我什么颜色的档案夹都没看到……我根本没注意到……你自己东西喜欢乱丢，不见了就要连累别人帮你找……'"

　　"喂，我又没有叫你帮我找，为什么那种态度啊！"

　　于是，就在出门上班前的三分钟内，夫妻俩又闹口角。

　　"她难道不能只说一句'没看见'就好了吗？为什么要多说那么多话？我越来越不敢和她讲话。"

　　男人越来越不想和女人沟通，大致有以下五个理由：

　　一、她还没听完他说的话，就急着抢话。

　　二、他说一句，她就说很多句。

　　三、他只要稍稍透露一点，她就问很多。

　　四、他明明在忙，她还无知地拼命说。

　　五、她说了老半天，还没说到重点。

以下是某对夫妻发生的实际状况。

妻子打电话给先生："你回来的时候，可不可以去大卖场一趟？卫生纸没有了，但是请记得一定要买高洁牌的，别的牌子我不用，上次你买错了……还有，请你买牛肉，要牛小排，买美国的，不要买澳洲的，我很不喜欢那种草味，你上次也买错了……还有……"

"我在开会。"男人冷冷地说。

"还要买棉花棒和牙线，棉花棒要最粗的那一种，要爱力牌的才行……"

回家后，她发现他什么都忘了。

"真是的。什么都记不住，你年纪大了你！你儿子常忘了带作业，一定是你的遗传！"

结果，丈夫只能提醒自己，还是不要讲话比较好，免得自找麻烦。

淡如的叮咛

　　无论关系多么亲密，要记得：简洁的话语使人心生感激。

　　就算你要说的事对你很重要，但要强调时，请慢慢说，最坏的方法，就是用很快的速度迂回地连说好几次。

　　说话讲重点，除非对方追问细节，否则，你不必巨细靡遗地报告。不少女性太喜欢描述不重要的过程与非主干的枝节。但话说得那么长，谁能够记得重点呢？

永远和他站在同一阵线

• • • • •

人性浅说：人沮丧时，需要的是温柔的手，而不是责备的口。

所以，既然出发点都一样，试着"帮"他做点什么吧，而不只是"叫"他做什么。

晚上九点多，他拖着疲惫的身子回家。一进门，她就知道他不对劲。

"累不累？"

他没回答。

男人没回答的时候，女人通常会很不高兴，觉得自己受到忽视。

"吃饭了没？"

"还没。"

"怎么不吃饭呢？就算加班，也不会没时间吃个便当吧？"

"我胃口不好，有点感冒。"他好不容易吐出一句话。

"那你吃药了没？感冒就是要吃药，才能预防二次感冒，等发作再吃就来不及了……"

他没搭腔，但脸色已经明显不悦。

眼看着他没搭理，自顾自地打开了电脑，看样子，又要沉溺在他的虚拟世界里了——虽然知道他可能是还有工作未完成，她还是说了两句："不要再看电脑了，休息一下不行吗？工作不能留到明天做吗？你这几个月每天都在加班，回家还……"

他忽然迸出了一句话："喂，别再念了好吗？我已经很烦了，我觉得你越来越像妈妈！"

听他这么说，她愣了一下，好像被雷打中似的。

什么？才刚结婚，就说我像你妈，这是什么意思……我哪里像你妈？

　　每个女人都怕男人说，她像自己的妈。

　　而每个男人也都很害怕，情人越来越像老妈。

　　据我观察，为什么男人会觉得情人、老婆越来越像妈，主要原因并不是女人变得唠叨，关键点在于：男人觉得很不舒服，或情绪上需要安慰的时候，多数女人就像一个老妈对待成年的儿子一样，只动嘴，不动手，用话语让他的情绪雪上加霜。在另一半疲累的时候，还要教训他，还要说一大堆话疲劳轰炸。

　　如果上述的对话能改得温暖而充满关切一些，或许他就不会觉得另一半像他妈了。

　　"还没吃饭吗？我帮你弄点东西吃好吗？"

　　"感冒了吗？好可怜，我帮你拿药好吗？"

　　"还要工作啊？我真舍不得你这么辛苦。"

　　同样的意思，但听者的感受差很多。

　　男人不是不希望你像他的妈。他们希望的是，在他需要安慰的时候，你像一个婴幼儿的慈母，温柔地哄他；而不是一个顽皮青少年的妈，只想利用机会教育他！

淡如的叮咛

　　人在沮丧时，都想回到小时候。这时候，聪明的人会站在对方的角度想，他这时需要的是安慰，不是教训。

　　他想要获得支持，而不是请你来检讨他。

　　他需要你跟他站在同一阵线，就算他错了，也不希望被同盟战友抛弃。

　　试着"帮"他做什么，而不是"叫"他做什么。

别用言语为他人判刑

•••••

人性浅说：即使对自己的弱点、不足之处心知肚明，也不愿别人点明指责，尤其是被自己在乎的人犹如判刑般点明。

所以，不要把剑捅进对方的伤口，多包容一些对方的脆弱或顽强吧。

朋友中有一对夫妻，都聪明绝顶，很早就结婚，生了两个孩子。

他们很幸运，两个人的才能在工作上都得到了很好的发展，在公司都有万人之上、一人之下的重要职位，薪水优渥，请了保姆照顾小孩，人人羡煞他们的生活。

不过，也因为太早就结婚生子且拥有了一切，他们都控制不了自己的骄傲。两人都很聪明，知道怎么说话可以让对方受伤。

妻子很忙，忙得连照顾自己的健康都成问题，当然更没有时间当一个温柔好母亲。丈夫只要指责她不是好妈妈，指责她不会做家事，她就暴跳如雷。

丈夫放弃原有工作自行创业，刚开始时并不顺利。在他为事业伤神或沮丧时，妻子并没有安慰他，反而指出他的诸多不是。

两人都把剑插在对方最痛的地方。

一个家庭、事业蜡烛两头烧的母亲，最受不了人家指责她不照顾家庭。而一个事业遇到挫折的男人，最恨人家怀疑他的能力。

两个人看对方越来越不顺眼，日日恶言相向，终于离婚，孩子由先生监护。但离婚之后，由于不必大眼瞪小眼，关系反而变得好一些。

离婚之后的好些年，妻子开始无法忍受成功的事业只带给她孤寂的生活，主动寻求复合，经过了一番努力，终于感动丈夫，两人再度结婚。

再一次和同一个人结婚，证明心中还有爱。两人对自己的错误体会都很深刻，他们整理了一些夫妻间不可犯的规则，告诉亲朋好友。

一、不要一直强调"你应该怎么做"，而是卸掉对方应该要怎样才是一个标准丈夫和妻子的想法，给予彼此心灵更大的自由。我们看一个人不顺眼，往往是因为心里觉得"你应该，而你没做，你很糟"。做先生的，放下了期待心，话语中的幽默感才会出来。

二、不再用"你每次都……""我知道你就是这样……"的成见或言语来"判对方死刑"，一点也不给扳回的机会。

每个人都有他"本性难移"的地方，复合前的小小坏习惯，复合后一样会出现，只是更成熟的两个人，已经懂得不要把剑捅进对方的伤口，包容对方的脆弱或顽强。

淡如的叮咛

　　人与人之间要和谐相处，说话时，心态一定要更包容。聪明的人是，即使知道怎么说话能伤害对方，也不随意用言语为别人"判刑"。

　　不要动辄以"你每次都……""我知道你就是这样……"等带有成见的话或言语来"判对方死刑"。

　　对方有"本性难移"之处，你自己一定也有。多包容对方，对方也会用同样的态度包容你。

PART

生意业绩
说出来

4

让顾客觉得受尊重

•••••

人性浅说: 价格折扣越低越好, 但服务折扣一点都不能有。

所以, 话说得好, 让顾客觉得受尊重, 是赢得业绩的第一步。

换季时, 我在香港某大型购物中心闲逛, 以六折价买了一件款式简单的某知名品牌粉橘色上衣。

买到折扣品本来是很令人开心的事, 但接下来听到的话, 实在让人购买欲望大减。

穿着利落的店长在收款时对我说:"要这件? 看清楚哦, 这没得换!"

语气像在训诫似的。

顿时，我感觉自己好像是在菜市场买菜，而不是在名牌店购物。

"没得换"实在不好听，听来好像是"货物出门，概不负责"，语意太生硬了。当地人或许习惯这样的说法，她只是把广东话转成普通话而已。不过，跟我一样来自台湾的客人，听了一定不高兴。

更何况，她说普通话时带着鼻音，又像说地方方言一样说得极快，给人一种连珠炮般得理不饶人的感觉。

接着她又噼里啪啦地说："你要不要再看看哪！现在多买两件可以再打八折，很便宜、很划算啊，不买可惜啊——"

我更感觉自己在逛菜市场，仿佛听到了"多买两根萝卜算你十块钱"的揽客声。

目前台湾名牌店的店员都训练有素，面带微笑，语气柔软，说话速度都不会太快。

我想，这些优质服务员在折扣时期，大致会这么说："不好意思，我们公司折扣时的商品是不能退换的，请您先看看这件衣服有没有瑕疵吧。"

姑且不论因为地域而意义有所差别的用语，不论哪个地方的服务人员、销售员，在与顾客交流时，要让对方觉得受到尊重，其实原则都是差不多的：

一、配合顾客的说话速度。

顾客并不喜欢服务人员说话的速度比他快。某位顶尖的汽车销售员曾对我说过，他让客人愿意听他介绍商品的秘诀在于：他总是会配合客人的说话速度，绝不在客人没说完前抢白。

二、尽量不用太过简短的否定语句回答。

比如，不用"没得换"，听起来太像硬生生拒绝。

三、必须向顾客解释某种规矩时，记得嘴角带笑，千万别像个严峻执法的交通警察。

现在台湾连抓酒后驾驶的交警都很客气，会祝福驾驶人"一路平安"了呢！

唯有让顾客觉得受尊重的服务人员、销售员，才可能拥有超人气，业绩长红。

淡如的叮咛

想说服一个人，先配合他的呼吸频率。

每个人说话的速度不一样。通常，行销高手会先让对方说话，再看看自己要用何种频率说话。

有位汽车销售高手曾说，让客户愿意听他介绍的秘诀之一，是先配合客户的呼吸频率。

如果你的呼吸节拍和他一样的话，他自然会对你有亲切感。呼吸节奏相同，说话的韵律感也会比较相合。

客人如果说话很急，你说话的速度就不能太慢，否则他会失去耐心。

如果客人说话很慢，你说话的速度不能太快，否则他会因为紧张而有防备心。

　　说话的艺术，和呼吸频率也有关系。自信的说话者，都很能掌控呼吸频率，自然从容。

好吃留给客人去说

•••••

人性浅说：自己的决定，最支持。

所以，聪明的人，即使是自己的推荐，也要让对方感觉，那是他自己选的。

员工不会说话，常会连累服务业从业者失去业绩和客户信赖，有时还会招惹民怨。

不过，不只是从事服务业的人要学会说话，只要必须面对人，都要学会说话。

有位女性朋友因病进医院急诊，因为她的血管很细，新来的护士找不到血管，在她手上扎了好几次，都没扎进去，痛得她连声哀叫。

她先生很礼貌地问这个小护士："可以请另一位护士来帮她打针吗？"

小护士说："不行，我要挑战自己。"

此话一出，病人差点昏倒，陪看病的先生也大发雷霆。

挑战自己是你对自己讲的，不是拿来对客户讲的，客户可不是励志讲师。

有些公司的员工，显然受过专业行销训练，一开口就只顾着说自己公司好话，张口就是"我们公司……"把公司的得奖纪录、历史渊源背得滚瓜烂熟一长串，却没有先问客户有多少时间，也没注意对方是不是想要听他讲完，形同强迫推销。客户听完了，通常也只觉得：你这么说，只不过是在强调，如果我不选你的公司，就是我没眼光呗？

不会说话的，不只是某些员工，有些老板也不懂得怎么说话。

有的老板很健谈，但只是站在店家的角度说话，没有注意到客人的感受。

我常与一位知名的美食家朋友一起去拜访一些好的餐厅，有时候会遇到一种"爱说大话"的老板。

这种老板看到贵客来，态度十分热情，一直夸自己餐厅的菜好吃，是正统佳肴、做法精湛、美味超群，有的还详细解释那道菜是怎么做的，这道菜一定要怎么吃，谁谁谁都是座上嘉宾……

大部分老板会适可而止，但也曾有一个店家把自己赞美为天下第一厨。那次，我的美食家朋友可忍不住了，直接对他说："好吃是客人说的，不是自己说的。"

这种老板喋喋不休，打扰了客人的用餐与谈话。虽然热情，却不是很好的公关之道。若是好东西，行家一试就知道；如果一道菜一尝就不好吃，说烂了嘴也不会变成美味佳肴，更没有人想知道它的做法。

　　所以，不论做什么工作，与客户应对时，必须注意的根本原则只有一个：站在客户的角度来说话，千万不要站在自己的角度喋喋不休。

　　还有，讲客户想听的话，不要只讲自家老板想听的话。

淡如的叮咛

想要给初见面的客户最佳印象，就要做到：

先让他感觉你可以是朋友，就算买卖不成，友情也在。有的业务员习惯从头到脚把客户评量一遍，自己在心里默默给对方打分：这人有没有钱？成交可能性有多少？小心，客人也有他的直觉，可以感觉到你是不是势利的家伙，值不值得信任。

别一直吹嘘自己的公司有多好。公司的行销手册背得再熟都没用。把自己的公司说得太好，顾客会觉得"你是怕我有眼不识泰山"而先有提防心理。

通常，诈骗集团也都把自己的公司说得一级棒，不是吗？有一点理智的人，都知道天下没有白吃的午餐。

　　相信客人都有理智，把选择权给他吧。就算他接受你的说法，你也要让他感觉，那是他选的，他是对的，而不是依你才是对的。

这些名人真会说话

勾起别人听下去的欲望

战国时代，魏国有位大臣叫李悝，素以具有真知灼见而著称。有一天，魏文侯问他："吴国灭亡的原因何在？"

李悝立即回答："臣认为，灭亡的原因在于屡战屡胜。"

"屡战屡胜怎么会亡国呢？"这可勾起魏文侯的好奇心了。

"屡战，国库匮乏，人民疲顿；屡胜，君王骄傲，以为自己无所不能。骄傲的君王统治疲惫的人民，国家怎能不步向衰亡呢？"

魏文侯大大折服。

李悝将他的真智慧包裹在一个"推翻常理"的回答里，乍听之下似乎不通，但经他一解释，立成卓见，这才是真正会说话的人。

越想做生意，越难成功

•••••

人性浅说：压力越大，反弹越强。

所以，太急于做生意，只会吓走客人。

不久前，有位朋友邀请我参观他亲友开的灯具工厂。

刚好路过工厂所在的城市，我依约前往。工厂也热情地派出业务主管来接待，很认真地为我介绍该公司业务。

为了记录到此一游，我拿出相机来，但工厂的业务主管一看到相机就面有难色。

"怎么了？"我问。

"噢，我们这里怕新的设计被抄袭，是不准照相的。不过呢，你是名人，可以例外。"

听她这么说，我知道是给我荣宠，不过，这种说法还是让我觉得怪怪的，心想：我怎么可能会抄袭你们的灯具呢？我很不好意思地放下相机。

灯具都是巨大厚重的风格，很适合英式大宅或美国乡间汽车旅馆。业务主管一边介绍设计师的理念，一边说："吴小姐，你跑遍世界各地，认识的人应该很多，如果有旅馆想要订购灯具，就请你介绍我们公司，只要有两百个，我们就可以开模……"

我愣了一下，怀疑自己是不是听错了。一、我是一个只到访五分钟的参观者；二、我不是贵公司推销员；三、我并没有欠贵公司人情，要为你们推展业务。

可是，在后来的十分钟内，这些话她强调了三次。

"对不起，"我很客气地说，"我不是跑业务的。"

"我知道啊，可是你认识的人很多，顺便嘛！"她说。

这……我连她提供的饮料都不敢喝了。

"不然就请你写一篇文章报道我们，或请电视台来拍也可以。"

哇！这是来参观的代价吗？我以为，我只是在朋友的邀请下给他一个面子。

"我不是设计装潢线的记者……"

"我知道，反正你常写作嘛，帮我们写一下。"

我真不知道该怎么办了。十分钟后，我赶紧借故告辞。她最后又问道："你得告诉我，有没有哪一个设计是让你倾倒的？"

我真的无言以对了，只能据实说，我喜欢比较现代感的风格，而不是乡村古典风，否则，我想，她一定要我把潜力客户名单交出来吧！

她应该是个诚实的人，只不过，给人的压力实在太大。

老一辈的人说，做生意是在交朋友。她给我的感觉却是：如果做不成生意，那就不要踏进我们公司来。

不懂得掌握人际沟通的分寸，不管再怎么认真负责，应该都很难为公司建立信誉。做人做事，不是两回事。会做五分事，得会做五分人，不然，太急于做生意，只会吓走客人。

淡如的叮咛

开口推销前，先搞清楚对方到底是不是你的目标客户群。

开口要求对方时，请先度量交情是否到这个地步。

目的性太强，三句话离不开推销，最让人反感。

如果能给人"做不成生意，也能做朋友"的感觉，先赢得信任，做生意才会成功。

不要强迫顾客赞美贵公司的产品。

强迫式推销和恐吓式行销，在这个人人都很有主见的时代，都是不会成功的！

别得罪半个世界

• • • • •

人性浅说：受了一分委屈，会做十分宣传。

所以，说话要小心，尤其是网络时代，小心一句话就得罪半个地球的人。

　　刚从上海出差回来的朋友说："我住在某个商务酒店，每天的自助早餐是免费提供的。有天早上我用餐时，刚好有个客人发现稀饭桶空了，问服务生：'白粥没了？'你猜那服务生怎么回答？他竟然面无表情地说：'对。'然后，就这样算了。那个客人气得一直大骂：'什么服务态度！'"

　　另一位常到北京探望朋友的友人说："我也遇过类似的

事。在某一家商场的洗手间，只有两间女厕，上厕所的人大排长龙。当轮到我要上其中一间厕所时，我发现抽水马桶好像坏了，里头有很多脏东西，就跟那个管清洁的、一直拿着拖把在拖地板的中年清洁工说：'你拿水来冲一冲吧。'她瞪了我一眼，又低头拖地，没理我。我还以为她没听见，又说了一次：'地很干净，不要再拖了，马桶那么脏，你冲一冲吧。'她竟然跟我说：'我只管擦地板，今天管马桶的请假！'天哪……"

看来"各司其职"也未必是优点。

常住法国的女性友人说："我在法国的中国菜餐厅也亲眼看过一件事。一位法国女士点了汤面，吃了几口，对店里的华人伙计说太咸。那华人伙计会说法文，竟然回她：'你以为这是在吃法国菜啊，这一碗汤面，才区区五欧元！'法国女士听了非常不高兴，马上把钱重重放在桌上，扭头就走。此时，一直沉默的老板赶快拿着钱要追出去，说：'对不起，不用了，不用了……'那位伙计却阻止老板，说：'收下吧，不收白不收，反正她也不会再来了。'我在一旁吃面，吃得胆战心惊，暗自发誓，再也不会来这家店。"

我在南美智利旅游时，也曾与七八个同行的人在一家中餐厅吃饭。桌上的一壶茶里只有几片茶叶，清淡如水，有朋友要老板娘多加点茶叶。约莫三十岁的老板娘机关枪似的发话了："多泡一些时间就浓了，要不然只是浪费茶叶，每次客人都不喝完，倒给狗喝，狗也不喝啊！"

哇，太呛了！大家面面相觑。沉默半晌后，有朋友开口问："您是打哪儿来的？"

"为什么问我打哪儿来的？"

"我想知道哪一省的嘴那么厉害！"

大家闻言都笑了。

以上这些恶劣服务都会造成"寒蝉效应"，作用不比"蝴蝶效应"弱。客人除非想自虐，否则不会再踏进同一家店，而且还会告知亲朋好友。

有人说，有些客人有"被虐"倾向。不过，客人愿意被虐，多半是在"需求大于供给"的时候。

比如附近只有一家杂货店，虽然老板娘态度很差，为了方便，也只好跟她买。

或者是，一家知名小吃，食物美味，且限时限量供应，客人大排长龙。所以即使服务恶劣，为了求得一点食欲上的满足，很多人甘愿忍耐店家的精神虐待。

但客人真有被虐倾向吗？

在我看来，当客人有别的选择，或店家所提供的品质慢慢下降，无法再说服客人为求一点满足来接受虐待的时候，客人的忠诚度马上会丧失。

有很多"百年老店"，因为不怕没生意，服务都很差，"等一下"就要等很久，或对客人的要求不理不睬，发出"啧啧"不耐之声。他们自己说不定也以"这样虐待客人，他们还是得接受"为荣。

但是，在历史洪流里，可也有不少百年店家是这样被淘汰的。商业竞争是无情的，消费者也是善变的，任何固有优势都很容易被改变。尤其是网络时代，得罪一个闲人，往往等于得罪半个世界。

淡如的叮咛

所谓招呼客人，并不一定需要能说善道。

微笑比欢迎词重要。

态度比说词重要。

"马上来"比"等一下"好听。

化敌为友是上策

· · · · ·

人性浅说：和自己同一阵营的，当然要挺。

所以，与其在前辈面前卖弄聪明能干，不如表明自己想向他学习。

有位朋友受聘到大连某企业当顾问。

虽然学历很高，经历也很丰富，但或许是娃娃脸让他看起来比实际年龄年轻。当他第一天在公司训练课程中发表意见时，就注意到在场有一位头发有点花白、看来像资深的管理人员，一直用怀疑的眼神看着他，表情中甚至有点不屑的味道。

友人对这个企业了解不够深，就来当顾问，自己也有点心虚，可是这个人的眼神让他很不舒服，那表情之难搞，让人实在很想挥拳相向。而这人虽然看起来对他很有意见，却也从不在交互式的课程中提出什么问题或质疑。

第一天课程结束后，他决定化敌为友。他在休息时间先调查了此人底细。原来，这人虽然不算高阶管理人员，但确实是"数朝元老"，在公司里算是个"老大哥"级的人物。

在课程结束后，他赶上了老大哥离去的脚步，对他说："我知道您在这方面非常有经验，我想向您多学习，是否可请您告诉我您的看法？"

老大哥的表情忽然柔和了起来，瞬间似乎有了笑意："噢，这个嘛，如果你想知道，我们公司的确有一些外人不懂的地方……"

第二天，老大哥的表现大转弯，非常友善。友人在课程结束后请老大哥吃饭，老大哥简直把毕生绝学都贡献了出来。

后来，友人继续在那个公司担任顾问。最挺他、逢人便夸赞他的，就是那个老大哥，简直是他的忘年之交。

　　他自此明白了：倚老卖老者，习惯于给人家下马威，但他们其实都没有恶意，只是"好为人师"罢了。他自认为走的路比你过的桥多，怎能一味地听你在他面前扯？如果你愿意先表示重视他的意见，他也会把你收编为善类。

　　不少老人家都一样。有些婆媳问题的症结，也在于婆婆得不到媳妇的重视，所以不想站在媳妇这一边。与其在这样的老人家面前卖弄聪明能干，不如先行请示，表明自己想多学习的立场。

　　老板也都吃这一套。你主动表示想学习，他心里就会认为：这是有为好青年，而且和我站在同一边，必然心花怒放。

淡如的叮咛

遇到倚老卖老的人，你可以这么做：

公开场合必须对他客气，没搞清楚来历时不要先树敌。

不如私下请问他的高见，让他反过来指导你。

他的意见很可能包含偏见，未必能够尽信。当他批评起某人时，万万不要附和，表示出诚恳聆听的态度即可。不必说"你说得是"，但可以回答："谢谢你告诉我。"

如果倚老卖老者是长官，万万要表示自己学习的热忱。他要你做什么，千万要用最响亮的声音，多说几声"是"！

这些名人真会说话

史上最有急智的军人

某一次，艾森豪威尔将军参加一个重要的餐会，餐会前安排重要贵宾致辞，艾森豪威尔被排在第五位。前四位贵宾都讲得十分冗长，在场来宾已经饿得不得了，有的还频打哈欠。

好不容易轮到艾森豪威尔将军，他上台之后只说了两句话："每一个演讲会都有句点，今晚我就为大家画上句点吧！"说完，鞠躬退场。

虽然内容很短，但相信大家对他的话印象最深刻。

把苦瓜声变成蜜糖音

●●●●●

人性浅说：喜甜不喜苦，喜乐不喜愁。

所以，声调本身蕴藏丰富的情绪，好好运用，平淡一句话，

也能变蜜糖。

　　我曾听到两位男士对话："你们公司的总机小姐，应该长得很漂亮吧。声音真好听，好听到让人想马上跟她下订单。""怎样？你要不要来公司看看？"另一位吊他胃口。

　　虽然两人对话到后来，B 男士招出"总机小姐其实是胖妹一个"的事实，让 A 男士颇为失望，但声音的魅力不言自喻。

相信不少人也有和我一样的经验。请客时，想试试新餐厅，于是按照网络推荐，打电话到该餐厅询问价位和订座状况。如果接电话的人语气听来没有什么劲儿，有点不耐烦，我们多半会取消到那里用餐的念头，因为"听"起来，菜就不好吃。

我们习惯把不讨喜的脸称为苦瓜脸，有这种长相的人，好像眉毛、眼睛、嘴角都不自觉往下掉，让人感觉见到他，就像见到债主一样。

声音也有所谓的苦瓜声：不管他说什么，都很容易让人往坏处联想，遭到误会。平淡说一句，人家也会认定他有恶意，甚至连他的赞美都被当成否定句。

谈到说话，人们常只在乎得不得体、机不机智、讨不讨喜，都专注在说话的内容，很少注意到声调的问题。

事实上，声调本身蕴藏着丰富的情绪，比长相给人的第一印象深刻许多。即使只闻其声，不见其人，我们也会在心里为别人打下主观分数。

比如：她说话的态度很冷淡，应该很高傲吧。

他很热情地跟我打招呼，一定是个好相处的人。

她说话的语气很微弱，是不是生病了？还是不开心？

她的声音很温柔甜美，长相也不差吧……

在广播极盛时代，知名的广播主持人，都有甜美或带有磁性的嗓音，每天都会收到无数仰慕者来函。疯狂的粉丝们虽然没看过他们的脸，但心里的想象是一致的：他必然有张同样吸引人的脸或身材吧。抵抗不了澎湃幻想，于是堵在广播电台门口想要一睹庐山真面目。

光声音就有如是魅力，难怪绝大多数算命老师也会从声音来判断一个人富不富贵、幸不幸福、有没有成功的潜力。

让人一听就打正面分数的语调，都具有如下特色：

温和、明亮、有亲切感、热情、音频宜人、速度适中。这种声音的语尾都是微微往上扬的。

会引起人们反感的声音，则都是往下掉的。

同样一句话，用上扬的语调或下降的语调说，听者会有迥然不同的感受。比如，妻子学做了一道新菜，问丈夫："好不好吃？"

丈夫回答"好吃╱"或"好吃╲"，效果大不相同。

听者会这样解读：语尾上扬的"好吃"，表示他很欣赏；语尾下降的"好吃"，表示他在敷衍或说反话。

我们进餐厅时也一样，服务生说"请进"时，语调是真的充满欢迎，还是只是一种制式反应，一听即明。

欢迎的语调，绝对是上扬的嘴角才说得出来的。

情侣间容易吵架，有时也是因为说话语调的问题，而不是说话内容。女人爱问男人："你爱不爱我？"就算男人总是很有耐心地说出标准答案"我爱你"，也可能会引起争执。因为女人的耳朵很敏感，她可以马上判断出："你这样回答，可是心甘情愿？"如果你的回答漫不经心、平板冷淡，她会认为"你根本是在敷衍了事"，她心里起的化学反应是"你不像以前那么爱我了"。

老板的耳朵也很敏感，他听得出来，员工是否心甘情愿做他交办下来的工作。

言语的内容，要靠声调语气来辅佐，就跟刘备邀请到诸葛亮一样。

　　语气中苦瓜声明显的人，在日常生活中常不知不觉地到处碰壁，当事人却认为"我这样说根本没有错啊"，而浑然不觉问题在哪里。

淡如的叮咛

天生苦瓜声的人，应该开始加些糖进去。你可以：

一字一音发清楚，不要含含糊糊黏成一气，让人听得好吃力。

运用你的丹田和热情，为声音注入明快的力量。

语尾轻轻上扬，心情也会飞扬。

多喝水、少烟酒，好好保护你的嗓子。

PART 5

台面人气

说出来

不是主角，就少说两句

•••••

人性浅说：肚子饿的时候人心情最差，容易为阻碍自己吃饭的人打负分。

所以，别不识相惹人厌，好话不需多说，简单两句，有诚意就够。

阿宾的婚礼，算是台湾典型的豪华婚礼。

喜帖上头注明七点开席，但因新郎、新娘家族都有来头，受邀致辞的重要人物很多，一个接着一个上台。到了八点半，台上的人依然口沫横飞，台下也还有几个贵宾尚未到场，虽然宾客饥肠辘辘，就是没有人敢喊一声"开动"。

还好阿宾八十多岁的爷爷解救了大家。老人有时跟小孩一样，饿了是会闹脾气的。坐在主桌的他忽然大声说："先开饭啦！先开饭再讲啦，快饿死了！"

众人一愣，随即有人为老爷爷这句话拍起手来。阿宾的议员爸爸只好要服务生先进行"上菜秀"。

你应该有同样的经验：参加婚礼或餐会、毕业典礼、电影首映会，最怕贵宾的致辞太长。

贵宾致辞并不是这些聚会的重点，请贵宾讲话，只是对他们表示敬意而已。可是，很多贵宾都把它当成自己的"秀场"。问题在于：他们未必对真正的主角有所了解，说的也可能只是一些老生常谈的训话，或者是老套的祝福。第一位来宾和最后一位来宾的说法，并没有什么不同。有的致辞者甚至根本不认识新郎、新娘，只想为自己打知名度，效果却往往适得其反。

因为，人肚子饿的时候心情最差，容易为阻碍自己吃饭的人打负面分数。

受邀致辞的人得搞清楚谁是主角，说话的内容越短越好。好话不需多说，简单两句，有诚意就够。

说话的长短，要衡量场合。

餐会上，当然不适宜宣布重大政见，更不适合让人吃不下饭的严正训话。

林肯在南北战争前的匹兹堡演讲，也只有一百多个字。他常说："我准备发言时，总会花三分之二的时间，想想听众想听什么，只用三分之一的时间，考虑我想说什么。"

演讲或致辞也算是服务业与传播业，如果想要别人听进去，还是要从"顾客"的角度出发，不能够只考虑到自己。如果你明白自己不是主角，也明白自己的发言在此没什么"最大功用"，那么，宜短不宜长。

台风稳健、态度诚恳、作风明快就好。

淡如的叮咛

公开演讲，或受邀在某些场合中致辞时，请注意：

搞清楚谁是主角，不要故意抢主角风采。用几句话来衬托主角，就是称职的嘉宾。

先看看听众是不是还有耐心。如果他们已经不耐烦，一定要顺应民意。

如果真的没什么话讲，宜短不宜长。最怕的是有人会以"我不知道要说什么"开头，却讲了很久，一点重点也没有。

这些名人真会说话

最著名的简短演说

丘吉尔是简短演说的高手。最知名的一个故事，是他在卸下英国首相这个职位后，受邀出席牛津大学毕业典礼。

校长用冗长的说辞介绍他，而头上戴着高帽、手里拿着雪茄的丘吉尔，悠闲地走上讲台，两手按住桌面，环视全体学生三十秒后，开口说了一句话："永远、永远、永远不要放弃！"接着，又顿了一下，在众人屏气凝神之际，再一次铿锵有力地说："永远、永远、永远不要放弃！"

这是人类史上最著名的简短演讲。

当然，如果你不是丘吉尔，可不能学他那样"敷衍"了事，只讲一句话。

其实，演讲没有那么难

·····

人性浅说：习惯成自然。

所以，即使是最令人恐惧的公开演讲，多练习几次，也就熟能生巧了。

美国曾有人做过调查，人们最恐惧的东西，首先是死亡，其次是公开演讲。

演讲有那么可怕吗？没错，只要是不习惯上台的人都怕上台。有些人在台下一条龙，叫他闭嘴还真不容易；一上了台，却两眼一抹黑，舌头打结，手脚颤抖，言之无物又觉得自己必须撑下去讲久一点才不丢脸……总之，与平时的表现判若两人。

其实，只是因为不熟悉罢了。

由于"成功学""励志学"颇受各大企业重视，有不少人本身并无特殊技能、功勋或人生经验，专靠为各大机构演讲维生。翻看这些人自我学习的历史，可以发现，他们都是靠不断地学习技巧与练习技巧，才能变成一个口若悬河、足以逗笑一整个体育场听众的励志讲师。不少人甚至表示，他从前还有口吃，甚至是被老师派到台上演讲，结果一直站在台上发呆，直到时间到的经验呢。

就算是看起来口齿清晰、"天生就很会讲话"的人，要学到一套在公开场合能够让大家聚精会神听他讲话的技巧，也要有煞费苦心、耗费时日的大量练习。

我自己原来也是个不善于言词表达的人，躲在家里当作家，对我来说是个轻松愉快的工作，并没有任何野心要宣扬理想。到后来因为工作需要，必须常常站在台上讲话，其实是历经了一番挣扎的。

我常说，如果我真的喜欢讲话，早去当律师了。我大学法律系毕业后，一点都不想当律师，理由是"如果强迫我每天为不是我心中真理的事情辩论，赚再多钱，都会过得很痛苦"。没想到，后来还是靠嘴巴吃饭。

不过，话说回来，很多"靠嘴巴吃饭"的人，未必能靠嘴巴赢得好人缘。有位律师，我私底下非常不喜欢跟他讲话。因为他很爱在聊天中纠正别人的谬误，把聊天搞成辩论会。他有一个习惯：在别人说话时，常会加进一个口头禅："重点是……"好像别人说的话都不是重点似的。和这样的人说话，不沮丧都难。

每一个行业，几乎都有"靠嘴巴吃饭"的成分。

众人想象中，最可以不靠嘴巴工作的，应该是画家吧。但其实不少知名画家，都是高超的宣传者，现代艺术泰斗胡安·米罗就是一个。

我曾经造访位于巴塞罗那的米罗基金会（Fundacio Joan Miro），借了耳机听米罗导览自己的每幅画（米罗不是写实派画家，如果他不稍加解释自己的作品，又还未功成名就的话，观众在第一时间想了解他的创作意念还真难），发现他真是个精彩的演说者。如果他不是那么会形容，应该没办法成名，让世人皆知吧！

最厉害的是，他有三幅绝大部分面积留白、上头只有一条歪歪扭扭斜线的画，他还可以解释，创作时他的思虑有多么煎熬、内心有多澎湃。

我在那三幅"一头只有一条线穿过"的画前苦思良久，得到的结论便是：如果不是米罗能说善道，他那些古怪的创作美感会变成名画才怪。

我第一次演讲，是在中部某大学。当时我不过是个二十一岁的文坛新人，该大学学生会就大胆请我去演讲。出版社接了这个案子，我不得不去。

当时，我好不容易将一个半小时的演讲时间"填"完，并且回答了同学们的每一个问题，深深觉得自己已经很了不起了。

但是，当第二天我去出版社时，发现带我去演讲的宣传写给出版社的报告是"她讲得很糟"，我简直惊讶得说不出话来。

很糟？怎么可能？

受此打击，本来我立誓"再也不要公开演讲了"，但骨子里到底是不服输的——如果从此害怕在公开场合说话，我可能永远会像是一只畏畏缩缩的老鼠，不如试试看，自己可以成长到什么地步吧！

靠嘴巴吃饭多年，虽然对于站上讲台这件事，我已经熟悉到"心跳都不会多一下"的地步，但是近年来我也曾有"很想在上台前一刻落跑"的经验。

那一次我上台不是为了致辞，而是跳弗朗明哥舞！

虽然练了千万遍，但登台前，我真的很想像《仙履奇缘》里的灰姑娘一样，脱了舞鞋，只求落跑！后来是很多后台的舞者不断拍我的肩，给我信心，我才完成的。

不熟练的事情，谁不会因为"怕丢脸"而紧张呢？

但是，熟能生巧。只要了解诀窍、多几次经验，上台演讲也并不是那么困难。

淡如的叮咛

　　刚上台的人一定会怯场。不管人家跟你说多少次"放松""不要紧张"，如果你不熟悉在公众面前发言，一定会怯场！

　　除了多做几次演练之外，大概只有两件事可以帮助一只菜鸟了，那就是：

　　深呼吸，记得微笑，在心里给自己打气，相信自己会做得很好。

　　告诉自己，就算表现得不好，该讲的话有讲到就好，千万不要要求自己有"一百分"的演出。刚上台，六十分就好！仪态风度最重要，说得出话来就好，不要歹戏拖棚就好。

自然博得掌声的技巧

●●●●●

人性浅说：要来的掌声，一定不够热烈。

所以，不如掌握公开演讲的要诀，让掌声自然而然地响起。

这些年来我在公开场合说话的机会很多，也会观察那些一出现总能自然而然博得掌声（而不是那些自己大叫："掌声鼓励！"）的人是怎么办到的。得到的原则如下：

一、开场一定要有自信。

没有自信的人，在公开场合被要求说话时，可能为了表示谦逊，总会先讲上一大段开场白，如：

　　我今天要说的这个，也不是我个人的意见啦！是我们小组一起讨论出来的，再加上长官的指点，才得出这样的结论。如果说错了，也请各位不要在意，给我们批评指教……其实每个人都可以有自己的看法，所以你不认同也没关系……

　　讲了半天，就是没重点，听众根本不知道你想说什么，不如直接进入主题。

　　最糟的是，有人还会自曝其短："我实在很怕公开说话，我其实还没有准备好……"这样的谦虚与忸怩，反而会在最短时间内引起听众反感，他们会想："你为什么不好好准备？你不应该浪费这么多人的时间……"

二、互动比独白好。

　　学校里受欢迎的教授，其实都懂得和学生互动。互动，会使气氛活泼，当每个人感觉"我也可能被点到"时，瞌睡虫也就被赶跑了。

我到学校或各大机构演讲时，通常会遇到与会者彼此不太认识、内向的人很多、大家不敢坐到最前排以及对环境也有不安全感的状况。这时，我会用一种方式来拉近双方距离，也就是"大家来玩一个心理游戏"。请全体参与，做一个小测试，让大家活动一下筋骨、笑一笑（通常我会告知大家，优胜者有奖品）。大约十几分钟的小测试，会让大家有参与感，很快，不少听众就会卸下心防融入团体中。

现在很多演讲，都会播放幻灯片作为辅佐，如果当中有一些条目式文字，与其演说者自己单调无趣地念个老半天，不如把麦克风传下去要听众帮忙念。我总会发现：当快要轮到自己念的时候，每个人都会很紧张，专注得不得了。当肾上腺素上升的时候，听众的参与感也会更强。

你也可以不时地设点小问题问台下观众。但就算他答错，你也必须说"嗯，接近了""噢，很好的想法"来鼓励他。这是现场收买人心的绝佳做法。

三、说故事和笑话，比说教好。

道理几乎都是死板教条的，人人会说。据我统计，只要是说教，不管自认为多有哲理，听众在听到第三句后就会放空头脑，失去耐心，你再发表多么慷慨激昂的陈词也没有用。不如讲故事或笑话来开场。

有自信的演说者绝对不会预告"我来说一个故事（笑话）"，而是直接进入故事的内容；他也不会以"听说有一个故事是这样的……""听说有个人……"来开头，宁可把这些故事"转化"成朋友的经验或自己的经验。他必须把这个明明是听来的笑话或故事加油添醋变成自己的，听众才能够有身临其境的同理心与亲切感。

举个例子来说吧！以两性为主题演讲，我说到"每个人都会变"时，常用一个例子：

我读大一时，认为大学就是郊游、烤肉和恋爱，所以很积极地想要找到第一个男朋友。果然，在第一年的情人节，我就找到一个看来很不错的对象。情人节当天，男友还有家教课，但他还是先赶到教室来送我一朵粉红色的玫瑰花。

那一天，我把玫瑰花捧在胸口，搭公交车回家，心里对自己说："他不是小气，我也不虚华，一朵就够了，因为他送我一朵就表示一心一意只爱我一人。"我对每个路人都露出幸福的微笑，感觉玫瑰花就像巧克力一样要在我的胸口融化……

可是回到家，大事不妙。客厅桌上放着一大束玫瑰花，看起来有九十九朵，上头还有一张卡片写着"爱慕你的人。知名不具"，显然不是男友送的（说到这里时我会强调：我一点也不虚荣，可是，玫瑰花的数量实在差太多了）。

不久，妈妈走过来，说了一句很睿智的话："你长大以后就知道啦，男人都是这样的，没把握的才会送九十九朵，有把握的只会送一朵！"接着，妈妈又看着在一边装听不到的爸爸说："至于那种已经到手的，连一朵都没有！"

这故事总能引起听众的会心微笑，但我必须承认，它是一个改编的故事，并不是真的发生在我身上的。可是，如果我不把它讲成自己的故事，听众就无法投入。

四、永远不要超时演出。

不管是主持或演讲，我都谨守时间管理的原则：绝不超时。就算观众反应非常热烈，也该在大家最依依不舍时画下句号。

根据统计，一场演讲不管再怎么精彩，再怎么有互动，再怎么深刻，再怎么有意义，超过九十分钟，听众一定会感到疲惫（这就是为什么一般好莱坞文艺片长度多半为一百分钟的缘故；让你一直紧张到快得心脏病的动作片或剧情片，也不宜超过两个钟头）。

宁可在最漂亮时画下休止符，也不要看到听众脸上写满"够了"的表情。

五、小心讨人厌的口头禅。

有位女性友人很优秀，言之有物、口才甚佳，人也很好相处，但听过她说话的人，都觉得她"咄咄逼人"。我研究了一下，发现问题在于：

她很聪明，想法转得快，所以说话速度也很快。

她有些口头禅，比如，每隔两三句就会来一句"你听我说""我告诉你"或"你明白我的意思吗"之类的话，听她讲话，常会有被训话的感觉，而这正是不悦感的来源。

六、做结时要有力。

最失败的演讲，就是听众以为快结束了，却"一波未平，一波又起"。

我曾在某毕业典礼上听到一位教授演讲，他在"祝福各位毕业生鹏程万里、前途无限"之后，竟然还可以另起一段："希望大家不要忘记自己的使命。每个人的使命不一样，有人……"有好几次我都以为他应该说完了，却只是他的段落句点而已。误解的人不只我，还有人不小心就鼓起掌来，场面十分尴尬。

有些人会引诗文结束，有些人会自己作打油诗、顺口溜结束，有押韵的文字是好方法，让人印象深刻。

此外，下台鞠躬时，姿态一定要果断漂亮！

淡如的叮咛

最没自信的说话方式，是一开始就否定自己：

"我要说的是……唉，还是不要说好了……"

"我想说的是……不过，我的意见只能提供参考，对各位未必会有帮助……"

"我的口才不太好啦，请各位听听看我这样说对不对……"

或者拐弯抹角地先提了一些风马牛不相及的东西或场面话，还没说到重点，已经让大家失去耐性。

重点说完再说这些客套话，效果可能会好一些。如果想要表示谦虚，只消在说完你要说的话之后，微笑表示"请各位指正"或"很想听听各位的意见"就好了。

书面简报力量大

•••••

人性浅说：眼见为凭。

所以，一份好的书面简报，可以提供言语难以描述的图表、照片，也给人认真准备的感觉。

我和一位作家朋友一起吃饭，他提到，不管是对学生还是社会人士演讲，现在的听众，越来越难集中精神听讲，要讲一个半小时以上，还让大家兴致勃勃真困难。有没有什么方法？

我说，我都用幻灯片做好大纲。不只我自己演讲轻松(幻灯片能提醒演讲者自身，使他不用绞尽脑汁费力地去想下面要讲什么），而且听众比较有画面感能集中注意力。

"用幻灯片不是很无聊吗？"他问。

没错，幻灯片做得再好、再花哨，你若照本宣科地讲，铁定会搞得很无聊。听众会想："我们自己看就好了，听你念还嫌吵呢！"

我在准备演讲和读 EMBA 做小组报告的时候，常自己动手制作幻灯片，已经很习惯自己动手，也很爱自己做点美编工作美化版面。

现在，不少学生、上班族、行销人员和教师，都经常需要做简报。好的简报配上有技巧的说词，才能够打动人心。除了要给听众好看的，还要给听众好听的。

依照我的观察，即使你舌灿莲花，现代人也不喜欢讲者只带着一张嘴上台，好像空口说白话。书面简报可以提供言语难以描述的图表、照片，调剂一下听众的视觉；也会让大家心中认可"你真的是有备而来"。

我曾私底下听一些承办演讲的公司福委会主管说到某讲者："根本没有准备幻灯片，只想带书来卖，太商业了。"

其实，他们口中的那位讲者，口才确实是很溜，溜到听众不需要看简报文件的地步，但是大部分人心中还是认为"有简报文档，才表示你为我们公司做了专门准备"。

在学校上课时，也曾听到同学们不经意地说起某教授："只有他没有给讲义（一般讲义都是幻灯片的书面文档），好像只是随便来讲讲而已。"

总之，书面代表有凭有据，也给人认真准备的感觉。何况，你可以一再使用。

综合我的经验，做简报时基本上有几个注意事项：

一、播放前，先用故事或交互式问题增加听众好奇心。

我常会在演讲前进行一个"了解你自己"的心理游戏，让大家轻松一下。笑声一出，距离就拉近了。

二、不要先把结论说出来。

有些人会在简报的第一页把"我要怎么讲"的过程告诉听众，但我认为，这样做会降低听众的好奇心。听到最后，听众会认为你每一页只是不断地重复重要观点，你想讲的只是那一句话罢了。

三、不要只是单向演讲。

发问可以让听众认真地听，而且有参与感。一直是自己一个人呱呱往下讲，听众的吸收力会变差。有时候你要卖点关子，或请听众猜猜答案。

单向的讲课，很像在教训学生，想要听众吸收会很困难。

四、简报上不要有太多字，只要提纲挈领或展示重要图表即可。

字太多也会使听众眼花缭乱。如果有必要放很多文字信息，那么，讲者不如请听众参与，让他们代为念出来。

我会征选愿意主动朗读的人，并请他决定把麦克风传给谁。当听众发现麦克风可能传到自己手中时，精神自然就会集中。

五、站在听众的观点说话。

沟通训练专家温莎（John Windsor）表示，如果你要卖东西给客户，站在他的立场说话，他会比较愿意听。与其说："今天我要花一个小时为你们介绍本公司的优良产品"，还不如改成"今天我们要花一个小时，和大家讨论一下你们最

头痛的 ×× 问题，可以怎样得到完善的解决"。一开始就要强调，他们听你讲，不是来浪费时间，而是会有实质收获。

六、善用比喻。

我有一位科技业同学在做论文简报时，别出心裁，善用比喻。他的论文探讨的是四家 DRAM（系统内存）公司的竞争优势。一开始，他就以"乡下秀才""大家闺秀""乡下秀才和大家闺秀完美结合生出的儿子"和"隔壁村来的大富豪"，来说明这四家公司的关系。教授们听了一整天的论文报告，已经很累，轮到他时，听他这么一讲，当然觉得耳目一新。

不过，比喻也要适可而止，某些场合可以有趣味，但花样不能太多。

最后，控制简报的长度也很重要，绝对不要超出时间。如果只是二十分钟，大概只需十页内容。就算是演讲，而你也认真得不得了，简报也不宜过长，看都看不完。就算内容再精彩，超过九十分钟，听众也会越听越没力。

淡如的叮咛

利用幻灯片做简报时，有几个注意事项：

1.播放前，先用故事或交互式问题，增加听众好奇心。

2.不要只是单向演讲。

3.简报上字不要太多，只要提纲挈领或展示重要图表即可。

4.站在听众的观点说话。

5.善用比喻。

自嘲是最高明的幽默

·····

人性浅说：人往往都会对完美的事敬而远之。

所以，能坦然面对自己的缺点，有技巧地先行点破，可亲度必然立刻上升。

周末，我去听一个好友在 Pub（酒吧）的小型演唱会。

他向来以幽默受歌迷欢迎。不同于一般只演唱的歌者，他的歌很精彩，歌与歌之间起串连作用的脱口秀也颇受欢迎，引来笑声连连。

"各位，你们看到我的外表，就会知道，我是个……实力派歌手。"

大家笑了。

"我从小就不是靠外表取胜的。小时候，亲戚来我们家，看到我哥，都会对妈妈说，你的大儿子好英俊！看了我之后都会说，嗯……你的二儿子，好性格！"

下面的观众又笑了。

他又笑着说："我并不接受点歌，因为——很多歌我都不会唱。"又有人大笑。"所以今天只能为你们演唱我会唱的歌。下面要唱的这首歌，被公认很难唱，我觉得我唱得还可以啦！不过因为很难唱，所以……唱得不好，嘿，这也不是我的错啦。"

唱完，他自评："我给自己九十分——但是，满分两百！"

能够自嘲的人，很快就能拆下与陌生人之间的那一层透明屏风。

接着，他说要唱一部经典电影《两小无猜》（*Memory*）中的歌曲。他问："看过这部电影的请举手！"

举手的听众稀稀落落，有七年级的学生大叫："太老的电影了，怎么可能看过？"

他眼神一转说："噢！这部电影啊，我也是听妈妈说的。"全场大笑。

唱完，听众如痴如醉，他又问："听过这首歌的请举手！"

在场听众还是只有十几人举手。

"你们骗我！那刚刚你听到的是什么？"

又是一阵哄堂大笑。此时，许多听众十分配合地都举起手来。

一个人如果能面对自己的缺点，或故意吐露一些自己不完美的地方，一般人就会认为，他坦诚可亲。

有位业务员也是自嘲高手。谈业务时，顾客第一眼看到他，都会讶异于他比常人多一倍的体重，只是不敢说出来。

"嘿，公司派我来，就是因为你是重量级的客户，要我才能镇得住场子啦！"他这么一说，总是能让人留下深刻的印象。

幽默，如果用来嘲弄别人，就会锐利如刀；如果用来嘲弄自己，则多半是拉近距离的好方法。但自嘲也只能适量，不能自嘲到别人必须来安慰你，那会显得你太自卑了。

　　自嘲，也不能像在吐苦水，以免气氛僵住。记得某一庆生宴场合，我称赞某位演技派女演员："没想到，你的歌唱得这么好。"她竟回答："婚都离了，歌唱得好有什么用？"一时，没人知道怎么接腔。

　　虽然她刚离婚，还无法从伤痛中走出来，可是也不必在这么欢乐的气氛中"哪壶不开提哪壶"啊！

淡如的叮咛

　　如果你有显而易见的缺点或缺陷，与其一直防着别人点破，不如用一点技巧，自己先点破，大家反而会对你留下好印象。

　　幽默，如果用来嘲弄别人，就会锐利如刀；如果用来嘲弄自己，则多半是拉近距离的好方法。

　　自嘲不能到自卑的地步，要像是在讲笑话，不能像是在吐苦水。

一句话就能破冰

•••••

人性浅说：对第一次见面的人，无论是谁都会有戒心。

所以，先用赞美释出善意，对方开心，自己也会获益。

某个星期一清晨，为了赶飞机，我早上七点就到了机场。

本以为这个时间旅客应该很少，但当天机场却是一大早就人山人海。

常外出的我发现：旅客排得越多，海关人员脸色就越凝重。这也怪不得他们，虽然大家以为他们只是盖盖章、打打电脑而已，但这的确是一个责任重大、必须小心谨慎，但又很单调无聊的工作。

就在人声鼎沸时，有一位刚来接班的女性职员，很大声地跟后头的旅客说："请一个一个排整齐一点，护照封套一定要取下来！"

气势十足。或许这是她的习惯，并没有什么恶意，可是听来确实有点来势汹汹的感觉。

一坐到座位上，她的脸似乎就拉下来了。我发现她戴了粉红色的眼镜和耳环，正好配成一对，一个很注重配色的人，一定对自己的品位很有自信吧！

我正排在她那一排的第一个。她看了看我的护照，抬起头来看我时，我对她说："你的眼镜和耳环的颜色很配，很漂亮。"

她愣了一下，忽然笑开来，很羞涩地说："谢谢你。"

她笑起来很可爱，比刚刚严肃的脸看起来年轻十岁。这时她才认出我来，说："哇！你真的好亲切啊！"

我相信，这天她工作时一定会很开心。而让别人开心起来，那一整天我自己也很愉快。

每个人都希望别人看到自己用心的地方，我的赞美也不是假话。无论是谁，在工作中或多或少都会有苦闷，都需要一些鼓励。

而赞美是一个很"卡耐基"、很能激励人的方式，如果你想要一个人变好，那么就赞美他吧。赞美别人的同时，自己也获益良多。

我常常遇见陌生人，我明白，人在第一次见面时，对对方都会有戒心。第一印象的破冰很重要，而秘诀无它，就是热情的微笑，还有"先下手为强"——先伸出手来，先递名片，先用言语释出善意。

如果对方在业界稍具知名度，我一定会先说："久仰，久仰。"

如果对方在很好的公司，我也一定会表示对该公司慕名已久。

而称赞女人的装饰与衣着，一定不会错。据我统计，我那些稍具姿色的女性友人，最爱听陌生人说的一句话就是："哇，你怎么这么漂亮？"

她们会高兴一整年，甚至记得你一辈子。

一句真心的赞美、一句动听的话，就能破冰，多说绝对没有错，保你超人气。

淡如的叮咛

　　初次见面的人，难免会对对方有戒心。第一印象的破冰很重要，而秘诀无它，就是热情的微笑，还有"先下手为强"——先伸出手来，先递名片，先用言语释出善意。

　　如果对方在业界稍具知名度，就说："久仰，久仰。"

　　如果对方在很好的公司，就表示对该公司慕名已久。

　　称赞女人的装饰与衣着，一定不会错。

逞口舌之快，不如四两拨千斤

•••••

人性浅说：人都是在这里吃了亏，一定想在那里讨回来。

所以，从效果与结果来看，言语反应快的，未必是聪明人。

历史上有很多聪明人，都以急智著称。

作家马克·吐温就是个中高手。

相传他因看不惯国会议员作风，在报上写专栏时批评：国会议员有一半不是混蛋。国会议员看了，纷纷致电抗议。

第二天，马克·吐温登了更正启事：国会议员有一半是混蛋。

爱尔兰剧作家萧伯纳也是个中高手，他常用巧妙的方法讥笑有钱人。

一回，他与一个很爱炫耀财富的有钱人用餐时，闷闷不乐，状似沉思。

富人问他："告诉我你在想什么，我给你一百元。"

"我在想的事情，根本不值一百元。"萧伯纳说。

"没关系，你告诉我吧！"

"我在想的是你。"

萧伯纳留下的许多轶事，都与拐了弯骂人有关。

他与现代舞蹈的创始者邓肯女士，相传也有一段轶事。邓肯仰慕他的才华，写信给他："我有美丽的身体，你有聪明的脑袋，合作生个孩子，是绝佳组合。"

他回信道："如果小孩生下来，有的是我的身体和你的脑袋，那不就糟了吗？"

以上故事，看的人会莞尔一笑。但如果你是被讽刺的当事人，恐怕不会觉得太好笑。这些当事人对大作家未必有恶意，他们却用机智出手咬人一口，被讽刺的人要有好度量才能够真的不记仇。

比较起来，艾森豪威尔将军的机智反应合情理得多，他以四两拨千斤的手法反击了恶意攻击者。

相传，某次在艾森豪威尔将军的演讲之后，现场开放问答，听众们纷纷把纸条传上台。艾森豪威尔都慢条斯理地答复了。

忽然，演讲会主持人在打开某张纸条时愣了一下，脸色变得很难看——因为纸条上写着"混蛋"一词。

艾森豪威尔也瞄到了。但他不仅没有生气，反而气定神闲、不慌不忙地对台下的听众说："我常看到写了问题却没有签名的字条，但对于这种只签了大名却忘了提问的字条，倒是第一次看到。"

人家骂他混蛋，目的就是想激怒他，他不但没有因此生气，还在第一时间反击回去。想想看，写匿名纸条的人听他这么说，应该很不好受吧，但又不能够发言辱骂回去。

一般人都以为，语文逻辑很强的聪明人，反应都很快。

我以前也自以为伶牙俐齿，也曾是个很爱逞一时口舌之快的人。

某次跟班上男同学争论一个观念，他争得面红耳赤，我也不肯让。最后，他鼻孔朝天说："唉，孔子说，唯女子与小人难养也，果然不错。"

我马上笑着对他说："这么说来，我们都在难养的行列里了。"

旁观者觉得这对话真是精彩，都笑了。不过，他气了很多天不跟我说话。

刚毕业不久，我曾在一家很大的杂志社工作。新人进场，多半要从不重要的事做起。我以菜鸟之姿，一进去就负责了重要的版面，不开心的人一定是有的，但年轻的我浑然不觉。

有一次我进数据室找数据，负责资料室的也是一位新进人员。

我问她，某某人的档案在哪里。

她冷冷地看着我说："哼，看来眼睛还是要大一点才会看得到。"

她有一双大眼，每天努力地刷假睫毛。她说这话分明是在讽刺我眼睛小，没有她美。

我只好自己找，终于发现自己要找的东西在最上头一格，于是东张西望，找椅子把自己垫上去。

这个女生没有帮忙也就算了，还冷冷地说："哼，看来身高也要高一点，才找得到。"

这当然是讽刺我比她矮。

我拿到资料后，在关上资料室的门时，也故意面露微笑地对她说："你说得对，还好人的智商不跟身高和眼睛大小成正比，看来我确实不适合在资料室做事。"

受了委屈，立即逞口舌之快反击，我当然觉得很畅快。不过，从此我一进资料室，铁定不会有人帮忙，而且马上就有两道寒光向我射来，这也是必须付出的代价。

　　从说话的效果与结果来看，反应快的未必是聪明人。

　　清朝文人中，说话反应最快的应该是纪晓岚了。大陆曾有一部名为《铁齿铜牙纪晓岚》的连续剧。铁齿铜牙，谁说得过他，能在他口舌下讨得便宜？但是他一生仕途并不得意，做的都是编修古籍的文官，没能真正实现他的志愿，据考就是因为他"喜诙谐，朝士多遭侮弄"。被他言语侮弄的人，恐怕太多了。

　　有些人当下没反应，只是因为他不想为了享受几分钟快感，得罪一个有威胁力的人。这才是真正的足智多谋。

淡如的叮咛

伶牙俐齿，要看厚不厚道。不厚道的话，不过是在树敌而已。用聪明话攻击人，当然比用脏话骂人更胜一筹，但副作用可能一样大。

若攻击你的人是恶意的，轻轻拨去最为聪明。比如我以前有位作家朋友，写作笔法诙谐，一位电视主持人故意跟他说："有人说你是文坛周星驰，你有意见吗？"

这位作家朋友对自己的文章是很看重的，当然不高兴被人说是谐星（当然，周星驰是个很棒的谐星）。结果，他笑答："你这么说，我怕周星驰会不高兴。"

立刻反驳会得罪人，不如把自己贬低一点，把责任推给不在场的人。这是幽默，也是聪明的反击艺术。

这些名人真会说话

暗骂别人的说话翘楚

纪晓岚刚考上状元时，年纪还小，有个喜欢读书的老太监听说他很有才华，一次看到纪晓岚急急在宫中行走，便把他拦了下来，出了个上联要他对。

上联是："小翰林，穿冬服，挥夏扇，一部春秋曾读否？"

纪晓岚立即笑着回答："老总管，生南方，长北地，那个东西还在吗？"

讲话不乏味有秘诀

• • • • •

人性浅说：人都是柿子挑软的吃。

所以，精彩的故事和令人肃然起敬的教训，相信大家都会毫不犹豫选择前者。

有个朋友刚开始要上谈话节目，问我怎样当个受欢迎的来宾。

受不受欢迎，要靠天分、长相与机智，不能强求。一般人只要先学会不要当乏味的来宾就可以。

乏味的来宾是：只要他一开始讲话，周遭就仿佛广寒宫一般。

那种冷和冷笑话的"冷"迥然不同。冷笑话还能让人稍稍嘲笑，而且通常很短；乏味的来宾只能让人企图放空，而且他们的话通常很长，还不容易打断。

据我归纳分析，乏味的来宾，具有以下"特长"：

一、乏味的来宾，通常都很有自信心。因为人自信，所以他们能够把话讲得很长，也很注重说话的"深度"与"专业"，并不管这个节目是什么属性，也完全没有注意到周遭的气氛跟刚刚不一样。

二、乏味的来宾都中气十足，让其他人无法插进一个字。

三、乏味的来宾通常有学问，所以擅长说理。因为他自认为是个中翘楚，有时就倚老卖老，不看他人脸色，觉得他只要讲话，大家就得听。

明明可以简短说完，他却一定要按照自己的逻辑或准备好的讲稿说话。你若打断他，想要将他的话剪接到"结果"，他一定会说："你慢慢听我说……"

四、乏味的来宾都是很有正义感的。一句话明明可以轻松地说，他一定要用最正经的表情说得正义凛然，让人肃然起敬。

五、乏味的来宾记忆力很好。通常只要听到有人很清楚地记得某件事发生在"一九××年"（甚至还有人记得×月×日×时），主持人就知道："完了！"细节记得很清楚的人，说起故事来都不会很流畅，何不说"多年前"就好？又不是上法院，明确日期并不重要。有人还会记得地点："当时在中正路跟×××路交叉口有个叫作×××的戏院"——那个已经消失的地点，显然也不是故事的重点。

六、他们喜欢说至理名言，不喜欢说故事。他们希望每一句话都可以刻在碑铭上，却忘了只有故事，才能够在这个五光十色的世界中，吸引大家的注意力。

只不过，现在的电视节目多半不是现场播出，讲太长也没用，执行制作一剪，就算你滔滔不绝地说了半个小时，也可能剪得三十秒都不剩。这时，来宾就会怪制作单位"没水平""对他有成见"。但制作单位永远听不到这样的怪罪，因为他们已经发誓再不会邀请该来宾上节目了。

淡如的叮咛

要让人听你讲话不冒冷汗，请记得：

看场合说话。大家只想轻松八卦的时候，不适合展现你的深度和专业。

尽量简洁，说重点就好，细节就留给自己回味吧！

从一岁到一百岁，都喜欢听故事。只有故事，才能够在这个五光十色的世界中，吸引大家的注意力。

与其被别人"断章取义"地乱剪接，不如自己控制长度，练习在三十秒内完整表达一个想法。

懂得用说话为别人加分

•••••

人性浅说：好逸恶劳是人的天性。

所以，你越让制作单位轻松省事少费心，他们就越喜欢请你来高谈阔论多说话。

我当过十年的广播主持人，虽然这样的资历比起资深主持人是小巫见大巫，没什么好夸奖的，但是对我来说，也算是从一个菜鸟，变成一只有点成熟的鸟儿了。我也从刚开始认为"一个人能对着麦克风喃喃自语那么久，一定是神经病"，变成一个可以一边讲一边笑的家伙，慢慢领悟到广播人关在小小空间，却可以遨游四海的乐趣。

现在，看到"ON AIR"的灯亮了，我的心脏都不会多跳一下，这应该表示，我已是广播世界里悠游自在的一条鱼了。我主持的《好时光》是一个访谈与音乐并重的节目，我喜欢在每一天的节目中与老朋友聊天、结识新朋友，每天早上的录音间，也自然而然地成了我的会客室。

我享受着和各种不同人生经历的人相遇的乐趣。

曾有人问我："做现场，遇到陌生行业或来头大的人，你难道不紧张吗？"其实，陌生是可以克服的，只要我在事前详细地做好功课；来头大的人也不怕，因为真正的大牌，都很熟悉自己应该用何种姿态出现在大众媒体上，他们懂得为自己加分，也为媒体加分。

会让我心跳加速、头皮发麻的来宾不是上述两者，而是下列几种人：

一、说好要来却放鸽子以及严重迟到的人。

前一天，工作人员必然会千叮咛万嘱咐，要来宾准时前来。但一百位来宾中，总会有两个人会放你鸽子。放鸽子也就算了，你打电话给他，他说他堵在路上快到了，结果节目都结束了还不见人影，我那个小时被杀死的脑细胞绝对不计其数。

二、不会说话的人。

这包括只会点头的人。只会在你问了一长串话之后说"是"，一点也不想加以延伸的人。还有以行动代替说话的人。

有一次我请了一位旅行从业人员来介绍旅游景点，他讲到精彩处，都是用比手画脚带过，口里的字句只剩"啊啊啊"几个虚词。我终于忍不住对他说："这是广播节目，听众们可看不到你精彩的手势啊！"

再有，总要想一下（三秒钟）才能回答问题的来宾，也是急死主持人不偿命。

三、死背讲稿的人。

基于某些理由，你不得不访问的他已经准备好要说的话，一开始就强迫你"不可以问原先传来的问题以外的问题"。某些一板一眼的日系公司的公关人员、政府活动的宣导人员，通常有这样的习惯，他们是不可能见招拆招的。

　　身为主持人，我很怕遇到那些带着密密麻麻的小抄上节目的人。"您真是用心啊！"虽然我必须这么说，但看了苍蝇般的数页小字，我的直觉反应是提心吊胆。

　　这一定不会是个流畅的访问。心中下了这样的结论，屡屡应验。因为，逐字打稿或背稿的人，表现与语气一定会很不自然，就算是看不到人的广播节目，听众也一定会明白：这个人是在读稿嘛！

　　习惯于万全准备的读稿人还有一个缺点：当主持人问的问题是他没准备到的，他一定会愣在现场，不知所措。

　　如果你要他讲得和他准备的不一样，他也会出现很明显的答非所问。

　　到底该怎么准备呢？这世界上，除了讣闻应该尊重地逐字念稿之外，其他的发言，请记下摘要即可。

　　英国前首相丘吉尔口才了得，从来不看稿，但做任何演讲，一定会写一张简明摘要。有人问他，为什么总要写提示性的摘要呢？

他答得很妙："虽然我会买火灾保险，但可不希望我的房子着火啊。"摘要就是火灾保险。就算不看，用不着它，它也会像提示板一样提醒演讲者：哪些重点非讲不可，不会乱枪打鸟，打中的又不是自己想要打的鸟！

四、一问三不知。

这种案例很少，但我就遇到过一个。不管我问什么，这位头衔不小的年轻女子都说："嗯，我也不知道……"做完两段访谈，我已经把能替她讲的话都讲完。告诉她访谈已经结束了，她还说："就这样？这么短吗？"我想她还是不要出来做宣传，维持"神秘形象"比较好。

回答比主持人的问题还短的人，总是让人头痛。只能说，惜字如金者还是不要上媒体为好。

五、Call in 大队。

我有一度越来越害怕在广播节目中出题目送东西，因为手脚快的总是 Call in 大队。有这种大队，表示节目听众的忠诚度高，但若是让他们上线，那真是侵占大家的时间，因为他们提不出任何有建设性的答案。比如说："你可以告诉我们，过情人节的创意方式吗？""就是和情人在一起啊！"
这是什么回答呀？即使执行制作想过滤电话，他们还会变声
或使用假名，防不胜防。

六、太想强调自己学问的学者专家。

大多数学者专家口才流利，但我也遇过一些"不管你懂
不懂，我就是要告诉你我学问很高"的博士，一开口就是洋
文和各种主义。

趁着广告时间，我勉为其难地告诉他："可不可以把听
众水平设在差不多是中学的程度……"他还会不屑地看着
我："你的听众水平这么低？"有些专家讲话的速度像机关
枪，也有碍听众的听觉。

无论如何，做广播还是苦少乐多。不管来宾说话声音好
不好听，懂得用言语创造效果的来宾，永远受主持人欢迎。
重要的不是话题是否新颖，而是能不能用语言化腐朽为神
奇。为什么广播节目主持人还是喜欢邀请名人呢？

可不是我们趋炎附势，而是习于上媒体的人，真的会让
主持人轻松如意，听众快乐满意！

淡如的叮咛

想做个让主持人轻松如意、听众快乐满意的来宾，要注意以下几点：

1.答应就要做到。时间到，人一定要到。

2.你是来表达看法的，不是来听取意见的，所以准备要充分，还有，多说一点吧！

3.上节目不是朗诵比赛，比字正腔圆、结构严谨。真正精彩的，是和主持人互动激荡出的火花。有时候小小的失误，反而能增加现场感和自然度。

4.举重若轻、深入浅出，才是真高手。如果听众听了半天全不懂，你岂不是白说了？